_____ 님께

'비우고 채우기'가 소중한 당신의

'건강, 성공, 행복'에

도움이 되었으면 좋겠습니다.

편안하고 자연스럽게 매일매일 새로워지고 행복하세요.

_____ 드림

변화의 시작, 비우고 채우기

변화의 시작,
비우고
채우기

박정민 지음

매일경제신문사

책 제목을《변화의 시작, 비우고 채우기》로 결정하고 나자 그간
의 복잡했던 감정들도 해소되는 느낌이다. 사실 내용 중에는 무려
8년 전에 쓴 글도 있다. 몇 년 전부터 시작되어 지금까지 유행을 타
고 있는 해독에 대한 글을 써볼까 한 것이 시작이었다. 그 글이 남
들보다 몇 배의 시간과 개작, 또 수정을 거쳐 겨우 완성되었다. 너
무 오래 갖고 있어 낡았다 생각 들면 고치고, 문장이 어색한 것 같
아 바꾸기를 수십 차례. 내 자식만큼은 최고로 키우고 싶은 부모
심정이 이 같은 것일까? 아직 아이를 키우고 있지는 않지만 아마
비슷할 것 같다.

사람은 몸과 마음으로 이루어져 있다. 이것이 사람을 사람답게 만들기 때문에 몸과 마음을 따로 떼어 놓을 수 없다. 하지만 해독은 몸의 정화만 이야기하는 것 같았다. 이런 생각이 드니 왠지 내가 억지를 부리고 있다는 느낌이었다. 오늘 감기에 걸린 것은 단지 어제 춥게 잤기 때문일까? 한 달 전부터 우리 몸은 어떤 신호를 보내고 있었던 것이 아닐까? 어쩌면 몸의 신호는 무시한 채 컨디션을 조절 안 하지 않았을까? 자주 야근했던 것이 진짜 이유가 아닐까? 마침 어제 잠시 만난 감기 걸린 친구 때문은 아닐까? 그것도 아니면 그냥 쉬고 싶다는 마음속 말이 정말 씨가 된 것일까?

세상에 모든 일의 원인과 결과는 단순히 선행적 구성으로 일어나는 것이 아니다. 'B'의 결과가 반드시 A 때문에 발생하는 것은 아니다. A1, A2, A3 등 여러 원인이 있을 수 있다.

나는 몸과 마음을 함께 보는 심신(心身)의학을 하고 있다. 몸에 대한 해독만 강조하며 생긴 답답함을 먼저 풀자 결심했다. 그래서 마음의 문제, '스트레스' 해독법을 강구하기 시작했다. 오랜 시간 공부했지만 대중에게 소개하기엔 난해하고 실현하기 어려운 것들 뿐이었다. 이때 운명처럼 아내의 도움을 받게 되었다. 미리 밝히지만 이 책에 소개된 여러 건강법은 아내가 그 길을 터주었다. 스트레스 해소 방법을 연구하던 중 아내의 소개로 'EFT'라는 마음공부를 시작했다. 아내의 다이어트를 보고 절식에 대해서도 공부하게 되었다. 또 아내가 요가를 하다 호흡곤란증으로 며칠 고생하는 것을 보고 호흡에 대해서 고민했다.

앞서 사람은 몸과 마음으로 구성된다고 했다. 하지만 몸과 마음이 유기적이기 때문에 몸만, 혹은 마음만 치유하면 사람이 건강해지고 행복해진다 생각하면 안 된다. 몸은 몸에 맞는 치유를, 마음은 마음에 맞는 치유를 해야 한다. 그래서 이 책은 몸과 마음을 함께 들여다본 건강서, 혹은 자기계발서로 불릴 수 있다.

그렇게 공부하고 정리하는 과정에서 《변화의 시작, 비우고 채우기》는 비로소 완성되어 갔다. 막혔던 글뭉치도 풀리기 시작했다. 그동안 나를 찾아준 환자들도 책의 완성에 일조했다. 이 책은 평소 환자들이나 가까운 지인들에게 매번 하던 잔소리들을 총정리한 것이라 해도 무방하다. 나의 지인들치고 이 책에 나와 있는 내용 한두 가지쯤 안 들어 본 이는 없을 것이다. 하지만 혹시 안 들어봤다면 사과의 말을 전한다. 시간이 모자라서였을 테다.

이 책이 나오기까지에는 많은 분들의 도움이 있었다. 제일 먼저 내 곁에서 음으로 양으로 같이 고생해준 사랑하는 아내에게 고마움을 표한다. 또 얼마 있으면 만나게 될 우리의 아이, 사랑이(태명)에게도 아빠에게 힘을 주어 고맙다는 말을 먼저 전하고 싶다. 사랑하는 부모님과 장모님, 동생들, 친지, 친구들도 모두 감사하다. 나와 매일 같이 함께 하는 자향미한의원 식구들과 찾아주는 환자들에게도 인사를 전하고 싶다.

마지막으로 이 책을 읽으시는 분들에게도 감사의 말씀을 올린다. 이 책이 부디 당신의 건강과 성공, 나아가 행복지수를 높이는 데 일조하기를 바란다.

Contents

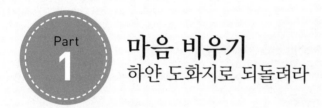

Part 1

마음 비우기
하얀 도화지로 되돌려라

Part
2

몸 비우기
몸 안을 깨끗이 세탁하라

Part
3

새로 채우기

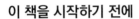

이 책을 시작하기 전에

    자신의 삶에 행복을 느끼는 사람은 몇이나 될까? 얼마 없을 것이다. 그럼에도 대한민국 국민들의 행복지수 조사 결과를 보면 놀랍다. 경제 규모나 소득 수준에 비해 행복지수가 너무 낮은 까닭이다. 세계 각국 국민들의 행복 수준을 측정해 발표하는 영국 신경제학재단의 행복지수에 따르면 한국의 행복지수는 178개국 중 102위를 기록, 하위권에 머물렀다. 최근 경제협력개발기구(OECD)가 발표한 조사 자료에 따르더라도 36개국 중 27위로 역시 하위권에 속한다.

    자신의 삶이 행복하지 않다면, 현재 자신의 상태가 만족스럽지 않다면, 우리는 어떻게 해야 할까? 그냥 어쩔 수 없는 일이다 하고 받아들이며 살아야 할까? 아니다. 우리는 스스로의 삶을 바꿀 수 있다. 불만족스러운 삶, 건강하지 않은 몸과 마음을 얼마든지 변화시킬 수 있다. 하지만 여기에는 전제 조건이 있다. 현재의 행복하지 않은 상태, 불만족한 상태를 비우는 작업이 선행되어야 한다. 지금 내 몸 가득히 불안, 스트레스, 질병이 있다면 새로운 것을 채우는 일이 아무 의미도 없다. 따라서 새로운 상태를 창조하기 위해서는 남아 있는 것을 버리고 비우는 작업이 먼저다.

우리 몸을 비우는 작업이 해독(Detoxification)이다. 비우는 데 있어 생각해볼 문제가 하나 더 있다. 어디까지 비우는가이다. 사람은 몸과 마음이 따로 있는 것이 아니다. 인간은 몸과 마음은 하나로 연계된 있는 유기체다. 또한 인간은 삶의 터전인 자연과 에너지 장으로 연결되어 서로 영향을 주고받고 있다. 따라서 몸과 마음, 모두 건강해야 진짜 건강하다고 할 수 있다.

동양 철학의 관점에서 만물의 근원은 기(氣)다. 전 우주의 모든 물질은 기로 이루어져 있고, 이 세상 모든 곳에는 기가 있다. 인간도 기로 이루어져 있으며 인간을 이루는 기는 아래의 세 가지로 나눌 수 있다.

첫째, 선천지기(先天之氣)는 태어날 때부터 가지고 있는 기운이다. 어머니 뱃속에서 열 달간 자라면서 받는 기운이기에, 모든 기운 가운데 제일 깨끗하고 정미(精微)롭다. 가장 순수하고 또 가장 바꾸기 어려운 중요한 기운이다.

둘째, 후천지기(後天之氣)는 음식과 호흡을 통해 만드는 기운이다. 후천지기(後天之氣)는 몸이 필요로 하는 것을 먹고, 수행을 거듭하면 만들 수 있다. 평안, 사랑, 감사의 마음과 음식을 섭취하는 것을 통해 정화할 수 있다.

셋째, 사기(邪氣)는 내 몸의 빈틈을 노리고 들어오는 나쁜 기운이다. 병을 만들고 수명을 줄이며 인간의 운명을 가로막는다.

예전부터 한의학에서는 선천(先天)의 기운을 잘 보존하고, 후천(後天)의 기운을 올바르게 보태면 맑은 기운이 온몸을 감싸, 나쁜 기운이 들어갈 여지가 없게 되기에, 비로소 건강을 유지할 수 있다고 했다. 해독은 사기(邪氣)를 내몰아 선천지기(先天之氣)와 후천지기(後天之氣)를 온전하게 만들어 몸을 올바로 돌려놓는 것이 목적이다. 사기(邪氣)는 크게 칠정(七情)과 외사(外邪)로 나눈다. 칠정(七情)은 스트레스로 인해 발생하는 정서적 역반응이다. 외사(外邪)는 외부 환경으로부터 들어오는 나쁜 기운, 즉 유해한 외부 환경으로 인해 발생하고 누적된 독소를 뜻한다.

마음을 해독하기 위해서는 칠정(七情), 즉 스트레스를 관리해야 한다. 스트레스는 몸에 적절한 자극을 주는 유쾌 스트레스와 발생 시 악영향을 미치는 불쾌스트레스가 있다. 보통 일과성인 스트레스나 적절한 자극을 주는 유쾌 스트레스는 오히려 이롭다. 문제는 적절한 정도를 넘어선 자극의 스트레스와 그로 인해 발생하는 부정적 감정이다. 부정적 감정이야 말로 마음의 노폐물이자 독소다. 이를 관리하는 방법으로 EFT(Emotion Freedom Technique, 감정 자유 기법)를 사용하는 것이 좋다.

몸을 해독하기 위해서는 유해 독소물질의 접촉을 원천적으로 차단하는 한편, 이미 몸속에 쌓인 노폐물, 유해한 독소물질을 배출해야 한다. 유해한 환경은 인체 건강에 치명적 악영향을 미친다. 이를 예방하기 위해서 의(衣), 식(食), 주(住) 모두 주의해야 하겠지만 그중에서도 몸 안에 들어와 후천(後天)의 기운을 만드는 호흡과 음식이 제일 중요하다.

우리는 단 한순간도 호흡하지 않는 순간이 없다. 그만큼 호흡은 우리 몸에 지대한 영향을 미치는데, 올바른 호흡법으로 몸의 탁기(濁氣)를 효율적으로 내보내는 것이 건강한 삶을 위한 원동력이 된다. 동시에 음식 문제도 **빼놓을** 수 없다. 매일 혹사당하는 위장은 피로할 대로 피로해져 있다. 소화기관에 적절한 휴식을 주는 것 역시 누적된 독소를 **빼내는** 협의의 해독(Detoxification) 과정이다. 물론 독소를 만드는 음식은 피하고 해독을 돕는 음식을 섭취하는 것도 중요하다. 그러나 휴식이 먼저다.

마음과 몸의 비우기 과정이 끝났으면, 이제 새로운 채우기 과정을 진행하면 된다. 다시 강조하지만 인간은 몸과 마음이 하나로 분리되지 않는 전일체(全一體)이자, 자연과 소통하는 존재이다. 마음의 평화와 몸의 편안은 분리해서 생각할 수 없다. 그러니 이왕 새롭게 채우기 위해서는 유익한 것으로 채우는 것이 좋지 않겠는가?

우선 긍정적 마음을 채우자. 긍정적 마인드가 유익하다는 논제에 대해서는 모두들 별다른 이견이 없을 것이다. 하지만 막상 긍정적으로 생각한다는 것은 쉽지 않다. 모든 생각을 내가 조절할 수는 없겠지만 대신 생각을 밖으로 드러내는 도구, 언어의 올바른 사용을 통해 이를 조절할 수 있다. 우리의 마음속 생각, 신념을 드러내는 것을 확언이라 한다. 책에 나온 긍정적 확언 만들기를 통해 이를 연습할 수 있다.

생각이 긍정적으로 바뀌었다면 이제 생활습관을 변화시켜보자. 올바른 생활 태도로 깨끗해진 몸과 마음을 다시 채워 나간다면 어느새 내가 꿈꿨던 자신의 모습을 현실에서 발견할 것이다.

생활 태도의 변화로는 아래 다섯 가지를 제시한다. 첫째, 공감과 변화의 시작은 대화로부터 온다. 서로에게 상처주는 대화법을 잊고 이제 올바른 대화습관에 대해 생각해보자. 둘째, 휴식은 반드시 필요하다. 그러나 올바로 쉬는 것이 더 중요하다. 즐거운 여가의 방법과 자세를 알아보자. 셋째, 먹을거리보다 중요한 것은 없다. 올바른 식습관을 갖자. 무엇을 먹을 것인가보다 어떻게 먹을 것인가가 중요하다. 넷째, 적절한 운동습관이 중요하다. 다섯째, 잠자는 것만큼 중요한 것이 있을까? 잘 자는 방법, 올바른 수면습관을 알아보고, 이를 실천하도록 하자.

마지막으로 덧붙이자면, 인간과 자연은 소통한다. 그렇기에 자연의 법칙에 순응하는 삶은 결국 우리의 건강에 도움을 준다.

Part

1

마음 비우기
하얀 도화지로 되돌려라

스트레스가
몸과 마음을 부수고 있다

스트레스는 무엇인가

"스트레스로 인한 신경성 질환입니다. 마음을 편안히 하면 나을 겁니다."

병원에서 이런 진단을 받아본 경험, 누구나 있지 않을까? 어느 누가 편안한 마음을 갖고 싶지 않을까? 일반 병원에서 별다른 효과를 보지 못한 환자들이 다음으로 찾는 곳이 한의원이다. 한의학은 서양의학과 접근법이 다르기에 다른 처방을 주리란 기대감 때문이다.

증상은 다양하다. "이유 없이 가슴이 답답하다", "병원에서 내시경검사를 했는데 이상은 없다고 하지만 소화가 잘 안 된다", "설사와 변비가 반복되지만 특별한 이상은 없다고 한다", "시험 때면 배가 아프다", "긴장하면 비염이 심해져 미칠 지경이다", "어떤 방법을 써도 잘 낫지 않는 피부병이 있다", "어깨가 돌덩이처럼 뭉쳐 묵직하게 아프다" 등 매우 다양하다.

이런 문제의 대부분은 스트레스 때문이다. 기나긴 인류 역사만큼이나 스트레스의 역사도 길다. 세상에 태어난 이상 그 누구도 스트레스에서 자유로울 수 없다. 스트레스는 원래 물리학에서 사용되던 용어였는데, '물체에 가해지는 물리적 힘'을 의미한다.

1930년대 캐나다 내분비학자 H.셀리에Hans Selye는 이를 의학에 적용했다. 그에 따르면 '스트레스는 어떤 요구Demand에 의한 신체의 비정상적 반응'을 뜻한다. 여기서 '요구'란 신체의 적응이 필요로 하는 위험, 도전이나 어떤 종류의 변화다. 개체에 부담을 주는 육체적 혹은 정신적 자극들이 모두 포함된다. 이런 부담을 주는 자극을 '스트레서(스트레스 인자)'라 하고, 자극에 대한 개인의 반응을 '스트레스'라고 구분해 정의한다. 신체에 해로운 모든 인자나 자극을 스트레서Stressor, 이때의 긴장 상태를 스트레스라 한다.

스트레스가 모두 나쁜 것은 아니다. 적절한 스트레스는 건강에 긍정적이다. 생활에 활력을 불어 넣고, 자신감과 창의력을 높인다. 우리 몸에 도움을 주어 더 나은 상태를 유지하게 만들어주는 스트레스를 '유쾌 스트레스Eustress', 우리 몸에 혼란을 야기하고 병들게 하는 것은 '불쾌 스트레스Distress'라 한다. 격무에 시달리는 등 부정적 자극에 대한 반응을 불쾌 스트레스, 휴가를 준비하며 들뜬 마음 같이 긍정적 자극에 대한 반응을 유쾌 스트레스로 구분할 수 있다. 물론 이런 구분은 개인이 느끼는 상황에 따라 서로 다른 결과를 내기도 한다.

● 스스로 스트레스를 만든다?

우리는 하루하루 스트레스 속에 살고 있다. 어떻게 보면 세상살이 하나하나가 스트레스의 원인이다. 급변하는 사회를 살아가는 우리는 끊임없이 새로운 삶에 적응할 것을 강요받고 있다. 과거에 비해 생활도 편리해지고 물질적 여유도 생겼지만 삶의 방식이 지속적으로 변하면서 스트레스의 원인은 더욱 복잡·다양화되고 있다.

인터넷이 없던 때는 몰랐지만 최근 악성 댓글 때문에 자살하는 경우도 있다. 사실 새로운 라이프스타일에 적응하거나 사회에 길들여져 가는 과정 속에서 모든 사람이 자의든 타의든 일종의 '정신적 압박'을 받는다. 이런 정신적인 압박감이 스트레스다. 이제 스트레스의 원인을 외적 원인과 내적 원인으로 구분해 살펴보자.

외적 원인External Stressor

- 물리적 환경: 소음, 강력한 빛, 열, 한정된 공간

- 생활 속 큰 사건: 친족의 죽음, 직업 상실, 승진, 새 아기

- 일상의 복잡한 일: 통근, 열쇠 잃어버림, 기계적 고장

- 사회적(사람과) 관계: 무례함, 명령, 다른 사람과 격돌

- 조직사회: 규칙, 규정, 형식·절차, 마감시간

내적 원인Internal Stressor

- 생활양식의 선택: 과도한 카페인 섭취, 부족한 잠, 과중한 스케줄

- 스트레스 잘 받는 개인의 특성 :

① 자신에 대한 기대가 과도하고 경직된 시야를 가지고 있다. 이런 비현
   실적인 기대, 전부가 아니면 아무 것도 아니라는 생각, 과장되고 경
   직된 사고는 마음의 올가미Mind Traps가 되어 스트레스를 일으킨다.

② 어떤 상황에서는 마땅히 어떻게 행동해야 한다는 식으로 견해가 좁
   고 절대적이어서 관용적 여지가 없다.

③ 편견에 사로잡혀 있고, 그럴듯한 견해에 충동적으로 따른다.

④ 지나치게 부정하거나 합리화를 사용하고, 당면한 문제에 초점을

맞추지 못한다.

⑤ 알맞은 대안(차선책)을 찾지 못하기 때문에 수동적이고 스스로 행동을 시작하지 못한다. 반면 판단 기준에 융통성이 없고, 타협이나 남에게 도움을 구하는 것도 꺼린다. 우유부단하다.

⑥ 성취 지향적이고 강박적 성격의 소유자로 한 번에 두 가지 일을 할 정도로 항상 조급하고 쉼 없는 도전을 한다.

스트레스 연구의 권위자인 리차드 라자루스Richard Lazarus 박사는 흥미로운 주장을 제시했다. 그는 일상적인 생활에서 일이나 사건이 스트레스를 일으킨다고 보지 않는 대신 개인적인 심리 요인과 관점이 스트레스를 만든다고 주장했다. 스트레스를 발생시킨 사건 자체보다 그 사건에 대한 개인의 해석을 더욱 중시하는 것이다.

인간은 다른 동물에게는 없는 인지 기능이 있다. 따라서 특정 사건이 스트레스를 일으키기보다는 상황에 대한 인지적 평가가 스트레스를 만든다고 가정한다. 즉, 스트레스에 대한 취약성은 개인적으로 중요하게 여기는 상황에서 활용할 수 있는 내적 자원이 모자라 발생하는 것으로 분석한다.

스트레스가 긍정적 자극제가 되느냐, 아니면 부정적 영향을 미치느냐의 여부는 스트레스 요인을 받아들이는 개인의 태도에 따라 달라진다. 따라서 스트레스 요인 그 자체로는 큰 의미가 없으며, 개인이 자극을 감지한 뒤 반응하는 과정에서 영향을 준다는 것이다. 실제로 스트레스는 내적 원인에 기인하는 경우가 많다. 그러나 많은 사람들은 외적 원인(기후, 상사, 배우자, 주식시장 등)을 그 이유로 먼저 생각하는 모순을 범한다. 이런 사실을 인지하는 것이 스트레스를 해소하는 데 매우 중요한 단초가 될 수 있다.

직장인 스트레스의 원인

- 도태나 퇴출에 대한 압박감
- 직업상 변화: 직무수행상의 생소함, 낯선 부서로의 전출, 퇴출 염려
- 작업 환경: 업무 과다, 업무 과소, 일의 단조로움, 통제력 상실, 성취감 부족
- 치열한 경쟁의식 심화
- 적성에 맞지 않는 업무
- 상사나 동료와의 갈등
- 직장과 가정생활의 부조화

스트레스의 별명 '미니 에이즈'

스트레스를 받았을 때 우리 몸은 무의식적으로 반응한다. 스트레스 자극 호르몬인 아드레날린이나 다른 호르몬을 분비해 당면한 위험 상황과 싸우거나 멀리 피할 수 있는 힘과 에너지를 제공한다.

위험 상황 → 뇌의 편도체가 인지 → 부신자극 → 스트레스 호르몬(카테콜라민, 글루코코르티코이드) 분비 → 혈액순환, 호흡, 근육에 작용

이런 반응은 신체에 매우 중요한 역할을 한다. 특히 선사시대는 이 반응이 생명을 지키는 데 필수적이었다. 사냥꾼이 사냥을 위해 산에 갔다 멧돼지를 만났다고 상상해보자. 사냥꾼은 머리카락이 곤두설 정도의 긴장감을 느낄 것이다. 스트레스다. 그리고 그는 어떻게 움직일지 생각한다. 만만한 사냥감이 아니므로 도망칠까, 아니면 용기 내어 잡아볼까. 주변 상황을 살펴 도망간다면 무사할 수 있을지, 아니면 사냥할 수 있는 여건이 괜찮은지도 고려한다.

이때 몸 안의 근육들은 긴장 상태로 이후 행동에 대해 준비한

다. 정신은 더 또렷해지고 감각기관도 예민해진다. 혈액에도 변화가 생긴다. 지금 상황에 당장 필요 없는 피부, 소화기관, 신장, 간으로 가는 혈류양은 줄인다. 대신 긴박한 상황을 대비하기 위해 뇌, 심장, 근육으로 가는 혈류는 증가시킨다. 혈액 안에는 이런 상황에 필요할 수도 있는 추가 에너지를 위해 당, 지방, 콜레스테롤 양이 증가하고, 혹시 모를 상처에 따른 출혈을 예방하기 위해 혈소판이나 혈액 응고인자 수치 역시 올라가게 된다.

이런 스트레스에 대한 신체 변화를 '싸우기 또는 도망가기 반응 Fight or Flight Reaction'이라 한다. 그 반응을 일목요연하게 정리하면 아래와 같다.

• 맥박과 혈압 증가(근육, 뇌, 심장에 더 많은 피를 보낼 수 있도록)

• 호흡속도 상승(더 많은 산소를 얻기 위해)

• 근육 긴장(행동할 준비)

• 정신이 더 명료해지고 감각기관이 더 예민해짐(상황 판단과 빠른 행동을 위해)

• 뇌, 심장, 근육으로 가는 혈류 증가(위험을 대비한 중요한 장기들)

• 피부, 소화기관, 신장, 간으로 가는 혈류 감소(위험 시 가장 적게 요구

되는 곳)

- 혈중 당, 지방, 코레스테롤 양 증가(추가 에너지를 위해)
- 혈소판이나 혈액 응고인자 증가(상해 시 출혈 예방)

하지만 이런 반응이 모든 사람에게 동일하게 작용하지는 않는다. 일례로 미국 캘리포니아대의 쉘리 테일러Shelley.E.Taylor 박사는 남성과 여성의 스트레스 반응이 다르다는 사실을 입증했다. 여성은 남성과 달리 스트레스에 맞서 싸우거나 피하기보다는 아이들을 돌보거나 주위의 도움을 구하는 방식을 택한다는 것이다.

차이는 호르몬에 기인한다. 남성 호르몬인 테스토스테론은 옥시토신이라는 호르몬의 작용을 억제하는 반면 여성 호르몬인 에스트로겐은 옥시토신 작용을 강화시킨다. 옥시토신은 모성애적 행동과 사회적 연대에 관련된 작용하는 호르몬이다.

이렇듯 스트레스에 대한 반응은 다를 수 있다. 그러나 현대인들의 스트레스 양이 기하급수적으로 늘어나고 있다는 사실만은 부인할 수 없다. 선사시대처럼 맹수나 천재지변 때문에 생기는 스트레스는 거의 없다. 그러나 각종 사회적·개인적 성향 때문에 발생하는 스트레스로 인해 매일 1초도 긴장을 풀 수 없는 상태다. 이런 상황은 스트레스를 만성적으로 누적시킨다.

● 스트레스는 '미니 에이즈'

에이즈(AIDS, 후천성면역결핍증)를 모르는 사람은 없다. 에이즈에 걸린 환자는 면역력이 떨어져 작은 상처도 잘 낫지 않는다. 에이즈 균이 우리 몸의 보호 기능을 담당하는 세포를 무력화시키기 때문이다. 때문에 작은 상처로 큰 질병에 걸릴 가능성이 높아져 사망에 이르는데, 아직 뚜렷한 치료법이 없는 무시무시한 병이다.

그런데 만성적 스트레스가 에이즈와 비슷한 방식으로 인체에 해를 끼친다는 점을 알고 있는지? 스트레스는 정신적으로 영향을 미쳐 체내의 면역 기능을 약화시킨다. 이로 인해 여러 질병을 발생시키는 방식도 에이즈와 유사하다. 만성적 스트레스에 노출된 상태가 지속되면 불편한 증상이 다양한 측면에서 나타날 수 있다. 이로 인해 발생할 수 있는 질병이나 건강 상태는 아래와 같다.

만성 스트레스 시 발생되는 질환

① 정신·신체적 질환기능적 질환

- 소위 '신경성' 질환으로 몸이 피로하고 불면증이 생기거나 잠을 자도 잔 것 같지 않다.
- 몸의 여러 군데가 아프기 시작하고 조금만 움직여도 힘이 들어 쉽게 지친다.

- 긴장성 두통, 편두통, 뒷목 및 등의 통증, 근육통, 전신통증

- 고혈압, 뇌졸중, 부정맥, 협심증, 심근경색증

- 호흡 곤란, 흉부 불쾌감, 천식 악화

- 식욕 부진, 기능성 위장장애, 과민성 대장증후군, 소화성 궤양

- 빈뇨^{오줌소태}, 핍뇨, 성기능 장애, 월경불순, 심한 생리통, 불임

- 당뇨병, 갑상선질환, 비만증

- 신경피부염, 원형탈모증

- 여드름, 전신소양증, 다한증, 수족냉증

- 안검연축^{눈 떨림}, 이명증^{귀 울림}, 말더듬증

- 오래 가는 감기, 구순염^{헤르페스}, 만성피로 및 무력증 등

② **심리 질환**

- 사는 재미가 없고, 우울·불안을 느끼거나 하루하루가 견디기 힘들어진다.

- 불안증, 불면증, 우울증

- 알콜·카페인·약물·담배 중독

- 대인관계 장애

③ **행동적 상태 변화**

- 무기력해져 활동력 저하

- 조금만 어려운 상황에 부딪혀도 회피

- 신경질적인 습관

- 폭식, 금식, 편식 같은 식습관 변화

④ 인지력 변화

- 집중력, 판단력, 기억력 감퇴로 인해 일 수행 능력 저하

스스로 진단하고 대처하라

내가 얼마나 큰 스트레스를 받고 있는지 객관적인 방식으로 측정할 수 있을까? 만약 알 수 있다면 그에 따른 대처법을 고안할 수도 있다. 다음 진단표를 활용해 최근 겪은 사건들을 되짚어 자신이 받고 있는 스트레스 정도를 측정해보자.

총 합계가 300점을 넘는다면 장기간 휴식이나 치료가 필요한 심각한 상태라고 봐야 하는데, 이럴 경우 정식으로 전문의 진단을 받아볼 필요가 있다.

지난 1년간 일어난 사건에 따른 스트레스 진단

사건	점수
배우자의 죽음	100
이혼	73
부부 간 별거	65
교도소 수감	63
가족의 죽음	63
자신의 질병과 상해	53
결혼	50
해고	47
부부 간 화해	45
퇴직	45
가족의 건강 장애	44
임신	40
성기능 장애	39
새식구 맞이	39
사업 시작	39
경제 상태 변화	38
절친한 친구의 죽음	37
직책상 변화	36
배우자와의 언쟁 횟수 증가	35
상당금액의 저당, 대부	31
대부나 저당의 만기 임박	30
직장에서 책임 증대	29
자녀의 출가	29
시댁 또는 처가와의 분쟁	29
뛰어난 업적 달성	28
배우자 실직	26
졸업, 입학	26
생활 조건 변화	25
습관 변화	24

상사와 불화	23
근무시간 및 조건 변화	20
거주지 변화	20
학교 변화	20
여가활동 변화	19
종교활동 변화	19
사회활동 변화	18
적은 금액의 저당, 대부	17
가족 수 변화	15
수면습관 변화	15
식사습관 변화	15

● 스트레스 다스리기

질병을 가만히 두면 악화된다. 스트레스도 마찬가지다. 스트레스로 인한 증상을 느꼈는데도 그냥 넘어가는 것은 미련한 행동이다. 적극적으로 대처해 치료에 나서야 한다. 일반적 스트레스로 인한 질환은 어느 한 시기에만 나타나고 사라지지 않는다. 때를 놓치면 전 생애에 걸쳐 고통을 받을 수도 있다.

특히 중년기 사람들에게는 심장병, 위궤양, 고혈압, 당뇨 등 성인병의 원인으로 작용한다. 노년기에는 신경증, 심신증 등을 초래할 수도 있다. '잠시 이러다 말겠지' 하며 무기력하게 대처하지 말고 증상이 나타났을 때 바로 치료에 나서자.

스트레스로 인한 신체의 건강 상태를 다스리는 것은 자동차를 관리하는 것에 비교할 수 있다. 아무리 값비싼 고급 자동차라 하더라도 급발진·급제동을 일삼고 소모품 교환을 제때 하지 않으면 몇 년 지나지 않아 성능이 급격히 떨어져 큰 사고를 부를 수 있다. 반대로 중고차를 구입해도 부드럽게 운전하고 정기적으로 점검하면서 소모품을 제때 갈아주면 항상 최적의 상태를 유지할 수 있다. 건강은 갑자기 망가지지 않는다. 스트레스로 인한 긴장 상태도 갑자기 생긴 것이 아니다.

한의학을 '심신心身의학'이라고도 하는 이유는 심신, 즉 몸과 마음을 다스리기 때문이다. 몸에 병이 있으면 마음에 병이 생기기 쉽고, 마음에 병이 있으면 몸에 병이 생기기 쉬우니 몸과 마음을 모두 다스려야 한다는 것이 한의학의 관점이다. 몸 컨디션이 좋을 때와 나쁠 때를 생각해보자. 한 가정주부가 몸살로 심하게 앓아누웠다. 그런데 눈치 없는 가족들이 밥을 달라고 재촉한다. 그녀의 기분은 어떨까? 아무리 사랑스런 가족이라도 아픈 자신을 걱정하지 않는 그들이 좋을 리 없다. 반대로 컨디션이 좋은 상태라면?

몸이 불편하면 마음도 편치 않다. 여유를 잃은 마음은 다시 몸의 불편한 상태를 지속하게 만들어 악순환의 고리를 형성한다. 이를 두고 '스트레스 환圜', '스트레스 고리'라 부른다. 스트레스 고리

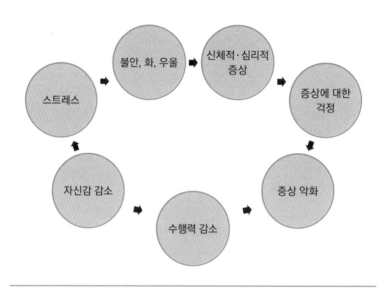

스트레스 환

를 끊기 위해서는 스스로 마음을 다스리는 '셀프 매니저$^{Self Manager}$'
가 되는 동시에 이미 발생한 신체적·심리적 증상에 대해 적극적으
로 치료받아야 한다.

이제 스트레스의 고리를 끊기 위한 방법으로 'EFT'를 소개하고
자 한다. EFT를 통해 마음의 자극을 청소하고 비운다면 스트레스
는 훨씬 줄어들 것이다.

마음을 비우는
가장 확실한 방법, EFT

막힌 기를 뚫어주는 EFT(감정 자유 기법)

마음이 담백해 텅 비어 있으면 인체의 진기가 이 마음을 따라 온전히 순

행한다. 이렇게 마음이 제 자리를 지켜 제 몫을 다하고 있으면 병이 어

디서 올 것인가?

: 恬淡虛無, 眞氣從之, 精神內守, 病安從來.

-황제내경

해소되지 않은 감정적 사건은 반드시 몸으로 드러난다.

: Unresolved emotional events show up physically.

-EFT 창시자 개리 크레이그

마음의 자극을 청소하고 비운다면 스트레스의 악순환 고리를 끊어낼 수 있다. 문제는 방법이다. 목적을 달성하기 위한 구체적인 방법을 찾아야 원하는 바를 이룰 수 있다. 이제 그 방법으로 EFT(Emotional Freedom Techniques, 감정 자유 기법)을 배워보자.

EFT는 고통과 질병, 감정적인 문제를 해결하는 새로운 방법이다. 특이하면서도 상당히 효과적이다. 심리적·신체적 문제를 해결하기 위해 침 대신 손가락으로 몸의 경락과 경혈을 두드리면서 말을 하는 식으로 진행한다. 따라서 혼자서도 얼마든지 익힐 수 있다.

"나는 나 자신을 받아들인다"나 "나는 나 자신을 사랑한다" 같은 말을 확언이라 한다. EFT는 두드리기와 확언을 사용한다. 몸의 경락과 경혈을 손가락으로 두드려 자극하며 확언한다. 이 과정은 누구나 배우기 쉽고, 어느 곳에서나 쉽게 할 수 있다.

EFT의 기본 명제는 다음과 같다. "모든 부정적 감정이 인체의 에너지 체계에 혼란을 일으킨다", "우리의 해결되지 않은 부정적 감정이 육체의 고통과 질병을 일으키는 가장 큰 요인이다" 인체의 에너지 체계에 혼란을 일으켜 육체의 고통과 질병을 일으키는 '부정적인 감정'을 해결해 치유가 이뤄지도록 한다. EFT '감정 자유 기법'이라 이름 붙여진 것도 이런 이유 때문이다. 부정적 감정에 의한 에너지 체계의 혼란, 여기에서 비롯되는 신체적 질병에 대한 인식은 이미 5000년 전부터 있었다. 한의학은 지금까지도 이런 개념을 바탕으로 환자를 치료하고 있다.

우리는 '기막히다'는 말을 자주 사용한다. 별 생각 없이 내뱉는 말이지만 자세히 살펴보면 기(氣, 에너지)의 흐름이 막혀 있는 아주 안 좋은 상태를 의미한다. 반대로 '기분이 좋다'는 말은 기의 분배가 좋음을 뜻한다. 기의 흐름, 에너지 순환이 잘 이뤄지고 있다는 의미다. EFT는 기막힌 것을 기분 좋게 만들어주는 기법이기도 하다.

● **EFT의 전신 TFT**^{사고장 요법}

1980년경 정신과 의사인 로저 칼라한^{Roger Callahan}은 극심한 물 공포증을 가진 '메리'라는 환자를 치료 중이었다. 환자의 증상은 너무나 심각했다. 그녀는 물에 대한 공포로 샤워는 물론 바다를 보는 것조차 무서워했다. 로저는 1년 반 동안 기존 방법론으로 환자를 치료했지만 전혀 효과를 보지 못했다.

하지만 우연한 기회가 찾아왔다. 어느 날 메리가 위장이 불편하다고 호소한 것이다. 그는 별 생각 없이 자신이 알고 있던 한의학적 경락 지식을 활용해 위장 경락에 해당하는 눈 밑 '승읍혈承泣穴'을 몇 번 두드려주었다. 이후 기적 같은 일이 벌어졌다. 메리가 치료실 앞에 있는 수영장으로 성큼성큼 들어가는 게 아닌가. 평생을 괴롭히던 물 공포증이 두드림 한 번으로 거짓말처럼 사라졌다.

이 사건은 칼라한에게 어떤 깨달음을 주었다. 그는 한의학의 '경락 자극'으로 부정적 감정을 해소할 수 있다는 생각을 갖게 됐다. 그래서 모든 신경정신질환에 이 방법을 적용해보기로 마음먹었다. 경락을 두드려 치료를 시도하는 방법을 다양하게 적용했다. 물론 메리처럼 극적인 경우는 많지 않았다. 그러나 다양한 측면에서 효과를 확인했고, 상당한 임상 결과도 축적할 수 있었다.

오랜 시행착오 끝에 그는 환자별·증상별 진단에 따라 14개 경락을 효과적으로 두드리는 순서와 횟수를 찾아냈는데, 이것이 EFT의 전신인 TFT(Thought Field Therapy, 사고장(思考場) 요법)이다.

TFT를 만든 로저 칼라한은 서구 심리 요법 분야의 혁명가로 불린다. 이스턴미시간대 심리학 부교수로 재직하며 결혼과 가족문제 분야의 미국 심리학자 아카데미 회장, 미시간 심리학협회의 윤리위

원회 회장을 역임했다. 현재 캘리포니아에서 개인 클리닉을 통해 TFT의 연구와 보급에 전념하고 있다.

칼라한은 굿하트 박사의 응용운동 요법(AK), 심리치료 기법 중 하나인 NLP(Neuro-Linguistic Programming, 신경-언어 프로그램), 침술 요법, 양자물리학, 대뇌생리학 등의 영향을 받았다. 그가 개발한 TFT는 한의학의 침술과 서양의 현대 임상심리학, 신경과학의 결합으로 경락을 두드려 막힌 에너지를 뚫어준다는 개념이다. 그 중 가장 크게 영향을 미친 것은 동양의 지혜인 침술이다. TFT의 타점은 침술의 중요한 경혈들과 정확히 일치한다.

기존 침술과 TFT의 차이

① TFT는 침을 놓는 자리(경혈)를 두드린다.
② TFT는 두드릴 때 정서적 문제나 아픈 곳을 생각한다.

TFT의 방법은 너무 간단하다. 감정적 고통을 유발하는 한 가지 문제에 생각의 파장(사고장)을 맞춘 뒤, 일정한 순서에 따라 직접 두 손가락으로 경혈을 두드려 막힌 에너지를 뚫어주는 것이다. 이 과정을 거치는 동안 사고장에 집중되어 있던 문제는 감쪽같이 사라진

다. 스트레스, 공포증, 중독증, 불안증, 강박증 등을 포함해 다양한 감정적 고통이 마치 마술처럼 사라지는 것이다.

TFT의 가장 중요한 포인트는 경혈을 두드릴 때 정서적 문제나 아픈 곳을 생각한다는 것이다. 마음은 기와 에너지를 불러일으킨다. 경혈을 두드려 생긴 신체 에너지가 생각을 따라 문제가 되는 곳에 집중되도록 하는 것이 치료 원리다. TFT는 일정한 정서에 해당하는 사고장에 어떤 방해 요소가 존재할 때 정서적 문제가 발생하며, 그 방해 요소를 제거함으로써 영구적 치유가 일어난다고 본다.

그렇다면 어떻게 특정 정서의 사고장에 접촉한 다음, 방해 요소를 제거할 수 있을까? 여기서 중요한 것은 경락을 두드리기 전에 사고장의 부정적 정보를 최대한 활성 상태로 만들어야 한다는 점이다. 사고 자체도 일종의 에너지 파장이기 때문에 사고장을 부정적 주파수로 맞춰 놓은 상태에서 경락을 자극해야 해당 주파수의 부조화가 풀린다.

칼라한은 20여 년 전의 우연한 발견 후 무수한 임상실험과 연구를 통해 최적의 경락점과 두드리기 순서를 정립했다. 그는 뇌의 연장인 눈동자를 굴리는 운동, 콧노래를 통한 자극 등을 병행함으로써 효과를 증대시켰다.

● EFT와 TFT의 차이점

칼라한은 이 치료법의 핵심을 우리돈으로 1억 원(10만 달러)이라는 고액을 받으며 비밀 유지를 조건으로 사람들에게 가르치기 시작했다. 그의 초기 강습 멤버 중 개리 크레이그Gary Craig란 탁월한 인물이 있었다. 그가 바로 EFT의 창시자다. 크레이

EFT의 창시자인 개리 크레이그

그는 스탠포드대에서 공학을 전공했고, 남캘리포니아 유니버셜교회의 목사였다. 또 심리치료 기법인 NLP의 마스터 프랙티셔너Master Practitioner였다. 그는 칼라한에게 TFT를 배운 후 이를 더욱 발전시켜 'EFT'를 만들게 된다.

크레이그는 TFT가 탁월한 효과에도 불구하고 진단이 너무 어렵고 복잡하다고 생각했다. 14개 경락을 한 번만 두드리고 순서만 바꾼다 해도 무려 14!팩토리얼=1×2×3×⋯ ×12×13×14라는 어마어마한 경우의 수가 나오기 때문이다. 개리 크레이그는 이에 대한 문제를 해결하려고 고민하다 오버홀 검사Overhaul Test의 개념을 도입했다. 오버홀이란 각종 기기를 해체하고 분해해 정비함으로써 그 기능을 완전한 상태로 회복시키기 위한 정비 작업을 말한다. 주로 자동차, 비행기 등의 기계나 엔진이 정확히 어떤 부분이 잘못되었는지 모를 때 사용한다. 개리 크레이그는 어디서부터 시작해야 될지 몰랐다. 그래

서 크레이그는 14개 경락을 다 두드려 보았다. 그랬더니 TFT와 동일한 효과가 났다.

이것을 바탕으로 1990년 TFT의 복잡성을 완전히 단순화시킨 EFT가 나왔다. EFT는 10분만 배워도 누구나 쓸 수 있을 정도로 단순하면서도 막강한 효과를 발휘한다.

TFT와 EFT의 차이

① EFT는 준비 과정이 있으며, "비록 ~지라도, 나를 깊이 받아들입니다"라는 '자기수용문'을 활용한다. 이를 통해 심리적 역전^{무의식의 저항}을 해결한다.

② TFT는 손날 두드리기만 하는데 비해 EFT는 임파절을 문지르면서 자기수용문을 반복해서 말한다.

③ TFT는 공식이 다양하지만, EFT는 공식이 하나다. 공식화된 타점을 두드린다.

④ TFT는 아픈 곳을 생각만 하지만, EFT는 소리 내어 말한다.

크레이그는 이 막강한 무기를 가지고 온갖 환자들에게 응용했다. 먼저 물 공포증, 쥐 공포증, 뱀 공포증, 아동학대 경험 환자, 친

아버지에게 만성 성폭력을 당한 환자, 극심한 발표 공포증 환자, 베트남전 참전 후 수십 년간 전쟁의 참상 기억에 빠져 있는 환자 등.

이 환자들은 모두 일상생활이 거의 불가능할 정도로 심각한 상태였다. 하지만 크레이그의 치료 후 이 환자들은 과거의 악몽과 공포에서 벗어나고, 화해와 용서의 눈물을 흘리게 된다. 불과 10분에서 몇 시간, 또는 며칠의 치료로 오랜 상처를 깨끗이 씻어낸 것이었다.

짧은 치료시간, 고통이 없다는 점, 재발이 없다는 것이 EFT의 놀라운 장점이다. 치료가 끝난 환자들은 오랜 기간 자신을 고통스럽게 괴롭혔던 기억을 다시 떠올리지 못하는 경우가 많았다. 생각나더라도 아주 희미한 수준이었다. 이처럼 EFT는 부정적 감정을 지우개처럼 깨끗하게 지워버리는 위력을 발휘했다.

어떻게 이런 현상이 어떻게 가능할까? 이는 인간의 심리를 들여다보면 이해할 수 있다. 과거 상처의 기억에는 부정적 감정(공포, 불안, 좌절, 우울 등)이 결부되어 있기 때문에 이것만 제거하면 기억 자체가 힘을 잃거나 사라지는 것이다. 한 발 더 나아가 같은 방식으로 미래에 대한 부정적 신념도 없앨 수 있다.

부정적 신념은 부정적 사건이 누적돼 형성된다. 예를 들어 시험에 자꾸 떨어지면 이 사건의 기억이 누적돼 '나는 시험에 운이 없어', '나는 시험만 보면 떨어져' 등 부정적 신념을 형성하고 미래를 제약하게 된다. 이런 부정적 신념도 이것의 바탕이 되는 부정적 사건들을 찾아내 이에 결부되어 있는 부정적 감정을 제거하면 그 힘을 잃는다.

크레이그는 EFT 치료를 더 다양한 분야로 확대했다. 단순히 신경정신 질환뿐 아니라 요통, 두통 등 통증 질환을 비롯해 당뇨, 루게릭병, 암 등 다양한 신체 질환에도 적용했다. 그는 이를 통해 또 다른 발견을 한다. 단순 통증을 비롯한 모든 신체 질환에는 반드시 부정적 감정이 연결되어 있고, 이런 부정적 감정을 해소하면 심각한 신체 질환도 나을 수 있다는 것이다.

한 환자는 교통사고로 한 팔을 절단했는데 이미 절단한 부위에서 통증을 느끼는 '환지통(幻肢痛, Phantom Limb Pain)'을 겪고 있었다. 마약성 진통제를 써도 낫지 않았다. 크레이그는 환자의 감정을 자세히 분석했다. 이를 통해 사고를 일으킨 운전자에 대한 분노가 대단했고, 이 분노를 자신의 절단된 팔의 통증으로 확인하고 있다는 점을 알아냈다. EFT 치료로 그는 분노의 감정을 없애고 비로서 용서의 감정이 생기자, 통증도 같이 사라졌다.

● EFT와 침술의 차이

EFT는 '침을 사용하지 않는 독특한 침술'이라고도 부른다. 왜일까? 인체는 외부와 내부에서 발생하는 상황에 대한 정보를 눈, 귀, 코, 입, 피부 등 감각기관으로 받아들이고, 이를 전기화학적 신호로 바꿔 신경을 통해 뇌로 전달한다. 또 뇌는 신경망을 통해 전기화학적 신호의 형태로 근육과 내장기관들에 명령을 보낸다. 인체의 모든 곳에는 이렇게 미세한 전류의 흐름이 퍼져 있다.

한의학에서는 이런 전기적 에너지의 형태를 포함한 모든 에너지 현상을 '기氣'라고 부른다. 또 인체에서 기가 흘러 다니는 통로를 '경락經絡'이라 한다. 즉, 경락은 인체의 모든 구성 부분을 유기적으로 연결해주는 하나의 연결망이고, 이는 온몸을 돌고 도는 에너지 순환 시스템이라 할 수 있다. 한의학의 바이블인 《영추(靈樞)》의 해론(海論) 편에선 "12경맥은 안으로 장부에 속해 있고, 밖으로는 사지와 관절에 연결된다"는 말로 설명한다.

한의학의 중요한 병리관 중 하나는 '통즉불통 불통즉통(通則不痛 不通則痛)'이다. 막히면 병이 된다는 얘기다. 기는 경락을 따라 쉼없이 우리 인체를 순행한다. 계곡의 물이 흐르는 것과 비슷하다. 질병은 마치 장애물이 있어 물이 흐르지 못하는 것과 같고, 치료는 장애물을 치워 소통시키는 것이다. 따라서 에너지의 혼란은 경락을 흐르고 있는 기를 방해하는 장애물이다. 침술은 침을 이용해 이렇게 막혀 있던 경락의 기운을 소통시켜줌으로써 질병을 치료한다.

경락 계통은 여러 가지로 구성되는데 《동의보감(東醫寶鑑)》에서는 12경맥經脈, 기경8맥奇經八脈, 15낙맥絡脈, 12경근經筋 등으로 구분해 설명하고 있다. 이 가운데 12경맥은 '수태음폐경 → 수양명대장경 → 족양명위경 → 족태음비경 → 수소음심경 → 수태양소장경 → 족태양방광경 → 족소음신경 → 수궐음심포경 → 수소양삼초경 → 족소양담경 → 족궐음간경'으로 구성된다.

기는 이 순서대로 흐른다. 이 12경맥과 기경8맥 중의 독맥督脈, 임맥任脈을 합쳐서 14경맥이라고도 한다.

경혈의 위치를 보여주는 동인형

금속으로 된 침을 경혈에 놓으면 그 부위에 전위차가 발생하고, 이것이 경락을 자극하게 된다. 이 경혈 자리를 손으로 두드리게 되면 마찬가지로 전위차가 발생해 경락을 자극하게 되는데, 이런 기계적 자극이 전기를 발생시키는 효과를 '압전기의 효과'라 한다. EFT가 침술과 다른 점은 경혈에 금속의 침을 놓는 것이 아니라, 언어와 두드림을 사용한다는 것에 있다.

연상 어구의 반복을 통해 뇌가 증상에 집중하게 되고, 중요 경혈을 손가락으로 두드려 인체 내부의 기 흐름을 정상으로 조절한다. 더불어 에너지 혼란을 제거해 감정적·신체적 문제를 해결한다. 두드리는 자극이 침을 대신하고 무의식이 치료에 동참함으로써 자연 회복력을 극대화한다.

● EFT 적용 범위와 장점

처음 EFT는 심리적 문제를 해결하기 위해 만들어졌지만 이후 다양한 증상에 적용한 결과 신체적 고통을 치료하는 데도 그 효과가 확인됐다. 또 학업 문제, 스포츠 능력 향상, 성기능 개선, 인간관계 문제 등에도 EFT를 적용할 수 있다. 적용 대상을 간단히 정리하면 다음과 같다.

① 심리적 장애: 스트레스, 불안, 공포증, 공황장애, 우울증, 강박증, 트
   라우마, 불면증 등
② 신체적 고통: 두통, 요통, 관절통, 견비통, 위장장애 등 소화기 질환,
   혈압이나 당뇨 및 심혈관계 질환 등
③ 각종 알레르기 질환
④ 금연, 금주를 비롯한 각종 중독증
⑤ 자신의 제한적인 신념과 믿음 체계 재구성^{Reframing}
⑥ 인간관계, 여성 문제, 어린이 문제, 학업, 스포츠 능력 향상 등 사회
   활동 전반

EFT는 짧은 시간 안에 문제를 해결할 수 있다. 또 부작용이 거의 없으며, 재발하지 않는다는 장점이 있다.

EFT 기본 전제 - 부정적 감정이 질병을 부른다

EFT는 감정과 신체가 어떻게 연결되어 있는지를 꼼꼼히 살피는 논리적 접근으로 질병의 뿌리를 제거한다. 먼저 EFT의 기본 전제들을 보자.

- 모든 부정적 감정의 원인은 신체 에너지 시스템 혼란이다

The cause of all negative emotion is a disruption in body's energy system

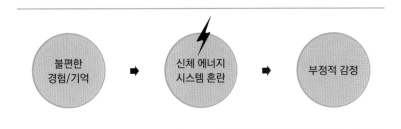

같은 상황에서 똑같은 사고를 당했더라도 충격과 두려움의 정도는 제각각이다. 이는 불편한 경험을 하더라도 신체 에너지 시스템에 혼란이 일어나지 않으면 부정적 감정이 발생하지 않는다는 것을 보여준다. 따라서 감정 치료는 부정적 사건에 대한 기억을 바꾸는 것이 아니라 신체 에너지 시스템의 혼란을 바로잡는 것이다.

- 해결되지 않은 부정적 감정은 반드시 몸에 나타난다(by 개리 크레이그)

미국의 유명 비뇨기과 의사인 에릭 로빈스는 "신체 질환 중 약 85%는 부정적 감정이 원인"이라고 말한다. 명상치료, 태극권, 최면 등의 심리치료 요법들이 종종 난치병이나 만성 질환에 효과를 내는 이유가 바로 이 때문이다.

과거에 대해 해소되지 않은 감정이 누적되면 반드시 신체 증상으로 나타난다. 반대로 해결되지 않은 감정을 풀어주면 신체 증상을 치료할 수 있다. 그렇기에 암, 당뇨, 류머티즘 관절염, 강직성 척추염 같은 만성 난치질환을 치료할 때에는 반드시 과거 힘들었던 사건이나 기억들을 해소시켜주는 것이 중요하다.

《통증혁명》의 저자인 뉴욕 의대 존 사노 박사는 "모든 통증의 원인은 마음"이라고 강조하며, 심리교육만으로 통증을 치료하기도 했다.

• 불편한 경험이 누적되면 부정적 신념이나 태도를 형성한다

시험에 여러 번 떨어진 경험이 있는 사람은 '난 열심히 해도 안 돼'라는 식의 부정적 신념이나 태도를 갖기 쉽다. 논리적으로는 옳지 않다는 사실을 알고 있지만 인간은 감정에 휘둘려서 행동하는 성향이 강하기에 이를 극복하기 쉽지 않다.

부정적 신념이나 태도의 바탕에는 그것을 구성하는 구체적 경험들이 있고, 부정적 감정이 결부돼 있다. 따라서 이들 경험을 찾아 부정적 감정을 지워버리면 사건에 대한 기억이 중화되고 신념이나 태도가 바뀐다.

• 통즉불통^{通則不痛} – 경락을 소통시키면 불편한 증상이 개선된다

통증, 불편한 증상은 우리 몸의 특정 경락이 막힘으로 발생한다. 침구법^{鍼灸法}은 경락을 소통시키는 뛰어난 치료법이다. 불편한 증상과 관련된 경락에 침이나 뜸을 놓아 울체된 기운을 원활히 소통시키면 몸이 회복된다. 한의학 치료는 이 원리를 활용한다.

EFT가 심리적 치유뿐 아니라 육체적 질환에도 우수한 효과를 발휘하는 것은 감정과 육체의 상관성 외에도 경락 자체를 두드림으로써 기운을 원활하게 만들어 인체를 회복시키는 자연 치유력을 증강시키기 때문이다.

● 부정적 감정의 이해

EFT는 기본적으로 부정적 감정을 없애 몸과 마음의 편안함을 추구하는 기법이다. 여기서 부정적 감정은 잠시 느끼고 마는 일회성이 아니라, 장기화·고착화된 것이다. 어릴 때 개에게 물린 경험이 있는 사람 중 일부는 작은 애완견에게도 두려움을 느낀다. 이미 자극원이 사라졌는데도 인체 내에서 부정적 감정이 지속되면서 정상적인 생활을 저해한다. 이런 것이 고착화된 부정적 감정이다.

고착화된 부정적 감정이 생기는 이유는 무엇일까? 실마리는 인간이 사용하는 언어에 있다. 언어가 '귀납에 의한 일반화' 현상을 촉

진하면서 부정적 사고의 틀을 형성해 고착화 현상이 나타난다.

　인간의 생각과 판단이 하나의 석고 조형물에 비유하면, 언어는 조형물의 뼈대고, 감정은 이 뼈대에 붙는 석고라 할 수 있다. 아무리 많은 석고가 있어도 뼈대가 없으면 그 형태를 만들 수 없듯, 우리의 생각에 구조를 형성시켜주는 언어라는 매개체가 없이는 부정적 감

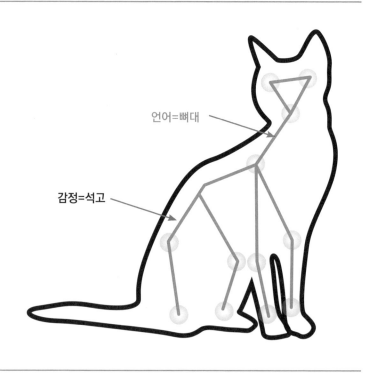

언어=뼈대

감정=석고

정이 고착화되지 않는다.

언어는 섣부른 일반화를 시도하는 경향이 있다. 개에 물려 공포증을 가지게 된 사람이 있다. 그는 다른 개를 봐도 두려움을 느낀다. 예전에 자기를 물었던 개가 아니라는 것을 알면서도 공포심을 느끼는 이유는 그의 인식 속에 '개가 나를 물었던 경험'이 '나를 물었던 개', '개'로 일반화되면서 개 자체가 공포의 대상이 된 것이다.

개에 물렸을 때의 다양한 기억들, 예를 들어 '나를 물었던 검은색 개', '개의 이빨', '개의 눈', '꼬리가 잘려졌던 모습', '개에 물렸을 때의 아픈 느낌', '물린 자리에 흐르던 피에 대한 두려움' 등은 개에 대한 공포증을 만든다.

이렇게 증상을 만들어 내고 구성하는 구체적인 요소를 '양상 Aspect'이라고 한다. 이런 양상에는 각각의 부정적 감정들이 포함된다. 이것이 '개'라는 언어의 뼈대를 타고 하나의 완성된 구조를 이룬다. 이렇게 형성된 부정적 감정은 누적되는 새로운 사건에 결합하면서 지속적으로 고통을 유발한다.

과거에 당한 폭력, 학대, 교통사고 등은 이미 지나간 과거임에도 불구하고 현재의 뇌세포 속에서 계속 구현되고 비슷한 새로운 사건에 투영된다. 이 때문에 고통이 유발되고, 때때로 신체적 질병이 생기기도 한다.

아울러 부정적 감정의 기억이 귀납되면 부정적 신념을 형성한다. 시험을 몇 번 잘 못 보면 '나는 열심히 해도 안 돼', '나는 시험에 약해'라는 부정적 신념이 형성돼, 일생에 걸쳐 패배적 숙명론을 받아들이게 되는 경우가 그것이다. EFT는 이런 부정적 신념을 지우는

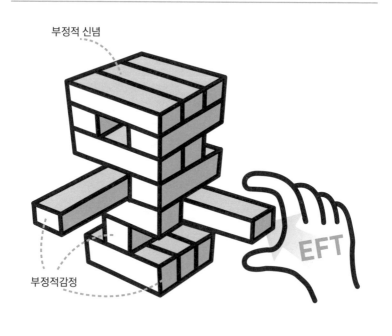

부정적 신념

부정적감정

EFT

데 효과적이다. 부정적 신념에 결부된 부정적 감정을 하나씩 지우는 방식이다.

개리 크레이그는 이것을 '책상의 상판과 책상의 다리'에 비유해 설명한다. 부정적 감정이 책상의 다리에 해당하고, 그것들이 모여 만든 부정적 신념은 책상의 상판에 해당한다. 일반적인 책상은 다리가 네 개지만 이 책상의 다리는 수십 개가 될 수도 있다. 책상 다리를 하나하나 잘라내는 과정에서 어느 순간 책상의 상판은 무너지게 된다. 이것이 부정적 감정을 지움으로써 그로 인해 형성된 부정적 신념을 제거하는 원리다.

실제로는 EFT를 시행해 어떤 부정적 감정 하나를 제거하면 유사한 경험과 감정들도 같이 사라진다. 그래서 부정적 신념을 구성하는 모든 기억을 제거하지 않고, 몇 개 정도의 감정만 제거해도 부정적 신념이 사라지는 경우가 많다.

EFT의 작동 원리 - 불교의 색수상행식

불교에서는 사람이 오온五蘊이라는 다섯 가지 덩어리로 이뤄져 있다고 말한다. 인간은 하나의 유기체인데, 그 안에서 이뤄지고 있는 여러 가지 작용들을 다섯 가지로 나누어 볼 수 있다는 뜻을 담고 있다. 오온은 '색수상행식色受想行識'을 지칭한다.

① 색色은 대상을 구성하고 있는 감각적·물질적인 것의 총칭으로, 외부에 있는 형상들을 말한다. 영어로는 'Form'에 해당한다.

② 수受는 외부의 대상을 감각으로 받아들이는 것을 뜻한다. 감각 작용과 감각 경험으로 인상을 받아들이는 것을 말한다.

③ 상想은 받아들인 인상을 뇌에 저장해 재구성하는 것을 뜻한다. 영상을 만드는 표상 작용을 통해 개념적 인식을 하는 것이다.

④ 행行은 저장된 것으로 기억 연상을 시작하는 것이다. 상상력이 발동하고 망상으로 빠져 들어 편견이 없는 마음이 사라진다. 즉, 사건·사고에 대해서 정서적 경향성을 만드는 작용을 하게 된다.

⑤ 식識은 종합적인 인식 기능이다. 구체적으로 대상을 각각 구별해 인식하는 작용을 말한다. 이를 통해 세상을 둘로 보는 마음이 생긴다. 좋은 것과 싫은 것에 대한 구별은 '식'의 작용에서 생긴다.

일반적 인식 과정은 이렇다. 외부 혹은 내부의 대상이 있을 때, 이를 보고 듣고 느끼는 등의 오감五感 신경계를 통해 먼저 인지한다. 뇌는 이를 주관적으로 재구성하고, 재구성된 정보에 의해 정서 반응을 촉발해 인식 작용을 일으킨다. 만일 특정 대상에 대한 인식으로 인해 고통이나 공포, 짜증 등 심신의 부정적 상태가 야기된다면 재구성된 정보가 정서 반응으로 넘어가는 과정을 차단함으로써 부정적 감정을 제거할 수 있다.

색수상행식을 통한 인식이 현재의 상태를 만들어낸다는 개념을, 부처는 "현재 우리의 모습은 과거의 우리가 했던 생각의 결과다"라는 말로 표현했다. 불교에서는 해탈로 가는 방편 중 하나로 '멸수상滅受想'을 제시하는데, 대상에 대한 인지가 인식으로 이어지는 고리를 끊음으로써 고통에서 벗어나는 것을 뜻한다.

이런 관점에서 EFT는 '멸수상'을 시행하는 매우 강력한 기법이라 할 수 있다. EFT는 불교에서 말하는 인식의 과정인 색수상행식 중 '상'에서 '행'으로 이어지는 지점에 작용한다. 수용된 오감 정보가 부정적이고 불필요한 '식'으로 연결되는 과정을 차단한다.

EFT 작용 지점의 모델 구조를 불교 관점에서 본다면 다음과 같다.

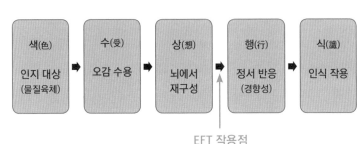

기(氣) 또는 신경 에너지계의 혼란이 발생하는 지점

우리 감정의 상태나 흐름은 기의 흐름이고, 신경계를 통한 모든 자극과 반응들도 기의 작용이라 볼 수 있다. 고통, 공포, 분노, 짜증 등의 부정적 정서들 또한 기의 특정한 흐름, 혹은 상태다. 따라서 우리 신체에서 기가 흐르는 통로인 경락 시스템에 저장된 다음 이를 따라 흐르게 된다.

인지의 과정이 '상'에서 '행'으로 넘어가는 과정에서 발생하는 경락 시스템의 혼란, 신경계의 혼란 때문에 고통, 공포, 짜증 등의 부정적 감정이 환기된다. 신경계에 조건화 된 이 같은 패턴을 '에너지 혼란' 혹은 '기의 정체 현상' 등으로 부른다.

앞서 EFT의 기본 명제에서 설명했듯 모든 부정적 감정(정서)의 원인은 신체 에너지 시스템의 혼란에 있다. EFT는 신체 에너지 시스템의 혼란을 바로잡아 부정적 감정이 사라지게 함으로써 신체적·심리적 고통을 해소한다.

집에서 따라하는
EFT

　이제 어디에서건 쉽게 따라할 수 있는 EFT를 실행해보자. 먼저
다음 설명의 '무작정 따라하기'를 실천하자. 뒷목이 뻣뻣한 증상을
치유해주는 간단한 EFT다.

실전 EFT - 무작정 따라하기

● Ⅰ 문제 확인

해결하고 싶은 자신의 증상을 하나 택하세요(육체적·심리적).

그 증상이 얼마나 불편한지 잘 관찰해보세요. 0에서 10까지 점수를 매긴다면 어느 정도입니까?

준비 단계

아래의 빈칸 안에 해결하고 싶은 자신의 문제를 최대한 구체적으로 써 넣으세요.

그 뒤에, ① 손날을 가볍게 두드리며, 그 문장을 3번 정도 되풀이하여 말하세요.
② 가슴 압통점을 문지르며, 그 문장을 3번 정도 되풀이하여 말하세요.
(①, ② 두 가지 방법 중에 한 가지만 해도 됩니다)

나는 비록 (컴퓨터를 오래 해서 뒷목이 뻣뻣) **하지만, 깊게 완전히 나 자신
을 받아들입니다.**

*부득이하면 마음속으로 중얼거려도 됩니다.

빈칸 안에 문장을 줄여봅시다. 이것을 연상어구라 합니다.
다음의 각 타점마다 줄인 말을 한 번씩 되뇌면서, 7회씩 가볍게 두드리세요

보기: 뒷목의 뻐근함

① 머리 정중앙
② 눈썹 안쪽
③ 눈가
④ 눈 밑
⑤ 코 밑
⑥ 입술 아래
⑦ 쇄골 시작점 아래
⑧ 겨드랑이 아래
⑨ 가슴 아래(명치 옆)

두 손가락 끝으로
7회씩 두드림

⑩ 엄지
⑪ 검지
⑫ 중지
⑬ 소지
⑭ 손날

왼편 타점만 두드리건, 오른편 타점만 두드리건, 양편 모두 두드리건 상관없습니다.

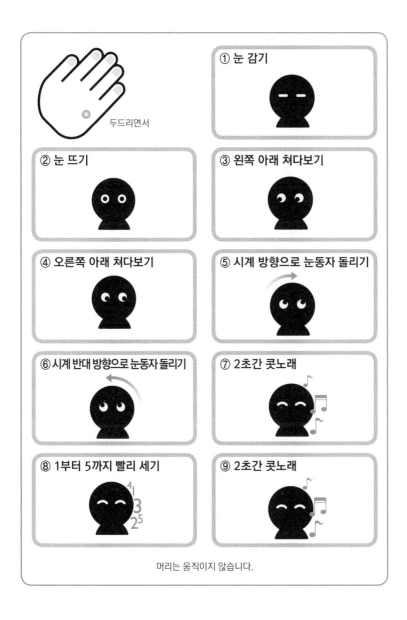

두드리면서

① 눈 감기

② 눈 뜨기

③ 왼쪽 아래 쳐다보기

④ 오른쪽 아래 쳐다보기

⑤ 시계 방향으로 눈동자 돌리기

⑥ 시계 반대 방향으로 눈동자 돌리기

⑦ 2초간 콧노래

⑧ 1부터 5까지 빨리 세기

⑨ 2초간 콧노래

머리는 움직이지 않습니다.

● Ⅳ 기본 두드리기

  *Ⅱ의 과정을 반복합니다.

● Ⅴ 조정 과정

처음 불편했던 증상의 느낌을 느껴보고,
시작할 때 측정했던 지수와 비교해보세요.

0 1 2 3 4 5 6 7 8 9 10

얼마나 변화가 있나요?

이 과정을 2~5회 정도 반복하는 것만으로도 50% 이상의 사람들이 변화를 경험합니다.

만일
부족하게 느껴진다면

다시 1단계를 한 후 2단계를 5번 이상 반복하세요.

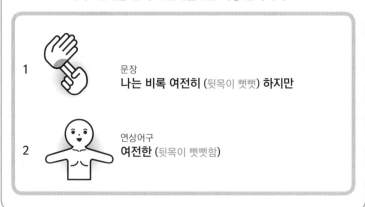

1   문장
     나는 비록 여전히 (뒷목이 뻣뻣) 하지만

2   연상어구
     여전한 (뒷목이 뻣뻣함)

EFT 타점 위치와 두드리는 방법

이제 좀 더 자세한 내용을 배워보자. EFT는 어렵지 않다. 간단한 방법만 배우면 혼자서도 충분히 할 수 있다. 다음 내용들을 숙지하자.

① 머리 정중앙

경락으로는 독맥督脈의 '백회百會'에 해당하는 혈자리다. 머리의 정중앙 지점으로, 양쪽 귀를 이어서 정중앙선과 만나는 지점이다.

② 눈썹 안쪽

경락으로는 족태양방광경足太陽膀胱經의 '찬죽攢竹'에 해당하는 혈자리로 눈썹의 안쪽 끝이다.

③ 눈가

경락으로는 족소양담경足少陽膽經의 '동자료瞳子髎'에 해당하는 혈자리로 눈가 바깥쪽이다.

④ 눈 밑

경락으로는 족양명위경足陽明胃經의 '승읍承泣', '사백四白'에 해당하는 혈자리로 눈 아래 2.5cm 지점이다.

⑤ 코 밑

경락으로는 독맥督脈의 '수구水溝'에 해당하는 혈자리로 코와 입술의 중간 지점이다.

⑥ 입술 아래

경락으로는 임맥任脈의 '승장承漿'에 해당하는 혈자리리로 아랫입술과 턱의 중간 지점이다.

⑦ 쇄골 시작점 아래

경락으로는 족소음신경足少陰腎經의 '수부俞府'에 해당하는 혈자리리로 흉골 오목한 바로 옆 쇄골이 시작하는 부위에서 아래로 2.5cm 지점이다.

⑧ 가슴 압통점

경락으로는 족양명위경足陽明胃經의 '고방庫房', '옥예屋翳' 및 수태음폐경手太陰肺經의 '중부中府'에 해당하는 혈자리로 양쪽 유두 위의 가슴

부분을 만져 아픔이 느껴지는 지점이다.

⑨ 겨드랑이 아래

경락으로는 족태음비경足太陰脾經의 '대포大包', 족소양담경足少陽膽經의 '연액淵腋'에 해당하는 자리다. 유두를 지나는 수평선이 겨드랑이와 만나는 지점으로 여성의 경우 브래지어 끈 부위로 생각하면 된다.

⑩ 가슴 아래(명치 옆)

경락으로는 족양명위경足陽明胃經의 '유근乳根'이나 족궐음간경足厥陰肝經의 '기문期門'에 해당하는 혈자리다. 유두 아래 2.5cm 지점으로 여성의 경우 브래지어 하단에 가슴과 만나는 부위로 생각하면 된다.

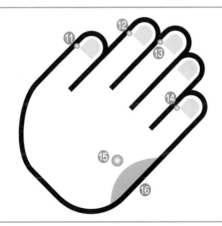

⑪ 엄지

경락으로는 수태음폐경手太陰肺經의 '소상少商'에 해당하는 혈자리로 엄지에서 손톱의 바깥쪽으로 아래쪽 끝 부분이다.

⑫ 검지

경락으로는 수양명대장경手陽明大腸經의 '상양商陽'에 해당하는 혈자리로 검지에서 엄지 방향으로 손톱의 아래 부분이다.

⑬ 중지

경락으로는 수궐음심포경手厥陰心包經의 '중충中衝'에 해당하는 혈자리로 중지에서 엄지 방향으로 손톱의 아래 부분이다.

⑭ 소지

경락으로는 수소음심경手少陰心經의 '소충少衝'에 해당하는 혈자리로 소지에서 엄지 방향으로 손톱의 아래 부분이다.

⑮ 손등점Gamut point

경락으로는 수소양삼초경手少陽三焦經의 '중저中渚'에 해당하는 혈자리로 약지와 소지가 만나는 부위에서 1cm 안쪽 부분이다.

⑯ 손날

경락으로는 수태양소장경手太陽小腸經의 '후계後谿'에 해당하는 혈자리로 손금이 끝나는 부분으로 손날에서 두툼한 부위다.

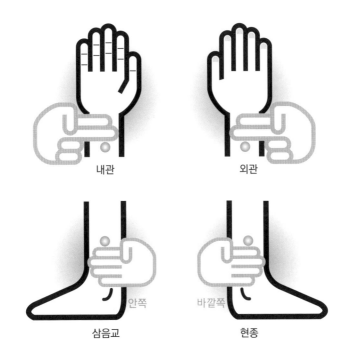

내관   외관

삼음교   현종

● 추가 타점

내관內關, 외관外關, 삼음교三陰交, 현종懸鐘 등의 경혈을 타점으로 사용한다. 내관內關은 수궐음심포경手厥陰心包經으로 손목이 접히는 안쪽 선에서 두 손가락 위 중앙에 위치한다. 외관外關은 수소양삼초경手少陽三焦經으로 내관의 반대쪽을 잡으면 된다. 삼음교三陰交는 족태음비경足太陰脾經으로 안쪽 발목뼈에 시작해 네 손가락 정도 위의 위치다. 현종懸鐘은 족소양담경足少陽膽經으로 삼음교의 반대 위치, 즉 바깥쪽 발목뼈(복숭아뼈)에서 시작해 네 손가락 정도 위에 위치한다.

지금까지 알려진 바로는 이 타점들을 꼭 정확히 두드리지 않아도 효과에 큰 영향은 없다. 그 부위를 두드린다는 느낌을 가지는 것이 더 중요하다. 타점을 두드리기 위해서는 좌우 어느 쪽이든 편한 손의 검지와 중지를 가지런히 모아 두 손가락으로 두드려 준다. 타점은 신체의 양쪽을 두드리거나, 어느 한쪽만 두드려도 상관이 없다.

단, 가슴 압통점은 두드리지 말고 양손 손가락으로 넓게 문질러 준다.

실전 EFT - 문제 확인 → 기본 과정 → 조정 과정

본격적으로 EFT를 사용 방법을 배워보자. 크게 '문제 확인', '기본 과정', '조정 과정'의 3단계로 이뤄진다. 각 단계는 세부 항목을 가지고 있기 때문에 순서와 원리를 꼼꼼히 알아둬야 한다.

● **1단계: 문제 확인**

해결하고 싶은 증상이나 문제를 적절히 선택하고 불편한 정도를 확인하는 과정이다.

・ **해결하고 싶은 증상 확인하기**

먼저 지금 해결하고 싶은 문제를 선택한다. 그 문제가 어떻게 발생됐는지를 육하원칙(누가, 언제, 어디서, 어떻게, 무엇을, 왜)에 맞게 자세히 표현한다. 무엇보다 구체적으로 표현하는 것이 중요하다.

단순히 '나는 우울하다'가 아니라 '나는 어제 **여자친구와 다퉈서** 우울하다', '**오늘 아침 상사한테 핀잔을 받아서** 우울하다', '**이번 진급 기회를 놓쳐서** 우울하다' 등으로 상세히 표현해보자.

• 주관적 고통지수 측정Subjective Units of Distress

해결하고 싶은 문제나 증상에 대한 불편한 정도를 '자신의 판단'에 따라 0에서 10 사이의 숫자로 등급을 매긴다. 이것을 '주관적 고통지수 측정'이라 한다. 측정 시 고통이 전혀 없는 상태, 편안하고 완전히 긴장이 풀린 상태를 0으로, 불안이 더 이상 감당할 수 없을 정도로 최고조에 달한 상태, 최악의 상태를 10점으로 설정한다. 이 사이에서 적절히 점수를 선택하면 된다.

점수를 선택하는 방법에 정해진 원칙은 없다. 어차피 주관적 느낌이므로 자신이 생각하는 점수를 선택하자. 주관적 고통지수를 측정하는 이유는 EFT 시행 직후 바로 문제의 해결 정도를 확인하기 위해서다. 이런 과정을 생략하면 변화를 느끼지 못할 수도 있기 때문이다.

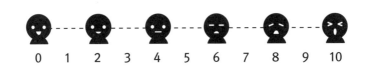

문제 확인을 마치면 본격적으로 치료 또는 문제 해결에 들어간다. 문제 해결 과정은 기본 과정과 조정 과정으로 나뉜다. 기본 과정은 다시 '준비 단계 → 기본 두드리기 → 손등 두들기기(뇌 조정 과정) → 기본 두드리기(반복)'로 구성된다.

• **준비 단계**Setup

준비 단계에선 다음 두 가지가 함께 이뤄진다. '자기수용문 3회 반복'과 '가슴 압통점 문지르기' 또는 '손날후계혈 두드리기'다. 자기수용문을 외우는 것은 심리적 반전, 무의식의 저항을 제거한다. 무의식은 부정어를 처리하지 못하기 때문에 말하는 그대로 받아들인다.

'비록 나는 문제가 있을지라도 나 자신을 온전히 받아들이고 깊이 사랑합니다'라고 하면 의식에서는 '나는 받아들이지 못해'라고 할지라도 무의식은 말하는 그대로 받아들인다는 것이다. 이로 인해 심리적 반전을 제거하게 되고, 사랑하는 자신을 위해 치유에 매우 적극적으로 동참하게 된다.

심리적 반전은 자기수용문으로 쉽게 제거되지만 에너지의 정체는 쉽게 해소되지 않는다. 그렇기에 자기수용문을 외우면서 손날을 두드리거나 가슴 압통점을 문지른다. 이렇게 하면 정체되어 있던 에너지의 순환이 일어나기 때문에 무의식과 더욱 쉽고 깊게 접촉할 수 있다.

손날 두드리기나 가슴 압통점 문지르기 어느 쪽을 이용해도 무방하다. 다만 EFT 창시자인 개리 크레이그는 가슴 압통점 문지르기를 더 많이 사용한다. 효과가 매우 뛰어날 뿐 아니라 에너지 정체의 정도를 파악할 수 있기 때문이다. 가슴 압통점을 살짝 문질러도 아주 심하게 아픈 사람들은 에너지 정체가 매우 심한 상태다. 반대라면 에너지 순환이 잘 일어난다는 것을 의미한다. 하지만 장소적 여건 등이 여의치 않다면 손날 두드리기를 사용해도 무방하다.

가슴 압통점의 경우 양쪽이 모두 아플 수도 있지만, 왼쪽이나 오른쪽 중 더 아픈 곳이 있는 경우가 많다. 이럴 때는 더 아픈 쪽의 가슴 압통점을 문지르는 것이 좋다. 확인하는 것도 쉽다. 기본 과정이 끝나고 통증이 어느 정도 사라진 후 다시 가슴 압통점을 눌러 보면 처음과 다르게 통증이 많이 줄었는지를 확인할 수 있다.

자기수용문은 '수용확언', '선택확언', '의문확언'의 형식으로 만들어지는데, 기본 틀은 다음과 같다.

"나는 비록 ~일지라도, 나 자신을 있는 그대로 완전히(마음속 깊이) 받아들입니다."

"나는 비록 ~일지라도, 나 자신을 있는 그대로 깊이 사랑합니다."

"Even though I have this (   ), I deeply and completely accept myself."

(예제)

"나는 비록 지금 **머리가 아프지만**, 그런 나를 깊이 그리고 완전히 받아들입니다."

"나는 비록 **지금 화가 많이 나지만**, 그런 나 자신을 있는 그대로 받아들입니다."

"나는 비록 **음식에 대한 욕구가 강하지만**, 나를 온전히 받아들이고 사랑합니다."

"나는 비록 **철수를 미워하지만**, 그런 나를 마음속 깊이 이해하고 용서합니다."

"나는 비록 **일과가 끝나면 피곤하지만**, 그런 나를 깊이 사랑합니다."

중요 포인트는 구체적으로 만들수록 효과가 좋다. "나는 비록 **지금 화가 많이 나지만**, 그런 나 자신을 있는 그대로 받아들입니다"보다 "나는 비록 **영희가 약속시간보다 두 시간이나 늦어서 화가 나지만**, 그런 나 자신을 있는 그대로 받아들입니다", "나는 비록 **남자친구가 내 상황을 제대로 이해하고 감싸주지 못해서 화가 나지만**, 그런 나 자신을 마음속 깊게 받아들입니다" 등이 좋다. 육체적 증상의 경우도 마찬가지다. 수용확언이 꼼꼼하고 구체적일수록 EFT의 성공률은 높아진다.

자기수용문의 다른 형태 선택확언의 형식은 다음과 같다.

선택확언의 형식

> "나는 비록 ~일지라도, 나는 ~하는 것을(느끼기를, 되기를) 선택합니다."

(예제)

"나는 비록 **지금 머리가 멍하지만**, 머리가 맑아지는 것을 선택합니다."

"나는 비록 **지금 화가 많이 나지만**, 나는 편안하고 고요해지는 것을 선택합니다."

"나는 비록 **음식에 대한 욕구가 강하지만**, 나는 음식에 대한 욕구를 참아내고 날씬해지는 것을 선택합니다."

"나는 비록 **철수와 싸워서 기분이 나쁘지만**, 그런 생각을 잠시 내려놓고 철수와 화해해서 다시 친해지는 것을 선택합니다."

"나는 비록 **남자친구가 기분 나쁜 말을 하더라도**, 편안하게 들을 것을 선택합니다."

선택확언은 EFT 마스터이자 심리학 박사인 팻 캐링턴이 만들었다. 선택확언은 수용확언에 비해 능동적이고 적극적인 생각을 유도하는 장점이 있다. 수용확언은 부정적인 생각이나 느낌까지도 받아들이는 다소 수동적 모습을 보여주기 때문에 일부 사람들이 거부감을 느끼기도 한다.

선택확언은 수용확언의 수동적 모습에 거부감을 가진 사람들까지도 쉽게 받아들일 수 있게 돕는다. 또한 미래에 대해 긍정적인 선택을 할 수 있도록 도와주는 장점이 있다. "나는 비록 성적이 떨어져 기분이 나쁘지만, 이런 나를 받아들입니다"보다 "나는 비록 성적이 떨어져 기분이 나쁘지만, 다음 시험에 우수한 성적을 받는 것을 선택합니다"로 하면 긍정적이고 능동적인 표현으로 이질감을 없앨 수 있다.

한 가지 더 조언하자면 선택확언은 수용확언을 먼저 활용한 뒤 사용하는 것이 좋다. 기본적인 수용확언을 활용한 EFT를 시행해 부정적 감정(느낌)을 0~2등급으로 떨어뜨린 뒤 사용하면 효과를 높일 수 있다.

의문확언의 형식

> "왜 나는 점점~ 하지?"
>
> * 항상 긍정적인 의문문으로 확언한다.

(예제)

"왜 나는 점점 돈이 넘쳐나지?"

"왜 나는 점점 사랑받지?"

"왜 나는 갈수록 일이 잘 풀리지?"

"왜 나는 점점 성적이 오르지?"

인간은 질문을 받으면 반사적으로 이에 대한 답을 찾는 성향을 가지고 있다. 같은 맥락에서 긍정적으로 의문확언을 하면 문제 해결에 도움이 되는 방법들을 찾기 시작한다. 의문확언을 만드는 작업은 두 단계로 구성된다. 첫째, 원하는 것을 확정한다. 예를 들어 나는 머리가 아프지 않은 상태를 원한다고 해보자. 그리고 둘째, 원하는 것을 이미 달성된 것으로 가정하고(긍정적으로) 의문문을 만든다. 이때 '점점', '갈수록' 같은 수식어를 붙여 현실감을 더한다. '왜 나는 **점점** 머리가 안 아프지?'가 될 수 있다. 이보다 더 긍정적으로 "왜 나는 **점점** 머리가 상쾌해지?"로 표현하는 것도 좋다.

연상어구 Reminder Phrase 활용하기

연상어구로 자기수용문을 대신하는 방법도 있다. 여기서 연상어구란 자기수용문을 한 문장으로 말하기 쉽게 줄이는 것을 뜻한다. 자기수용문을 한 권의 책이라고 하면, 책의 제목이나 주제를 연상어구라고 보면 된다. 연상어구와 자기수용문을 잘 연결하는 연습을 하면, 연상어구를 떠올리기만 해도 자기수용문으로 저절로 연결돼, 손쉽게 EFT를 시행할수 있다.

다음 예시를 살펴보자.

자기수용문	연상어구
나는 비록 지금 **왼쪽 머리가 바늘로 찌르듯 아프지만**, 그런 나를 깊이 그리고 완전히 받아들입니다.	왼쪽 머리의 찌르는 듯한 통증. 왼쪽 머리가 아프다.
나는 비록 지금 철수에게 화가 많이 나지만, 그런 나 자신을 깊이 사랑합니다.	철수에게 화가 난다. 철수를 향한 나의 화(분노).
나는 비록 **음식에 대한 욕구가 강하지만**, 나를 온전히 받아들이고 사랑합니다.	음식에 대한 욕구. 음식을 먹고 싶다.
나는 비록 **영희를 미워하지만**, 그런 나를 완전히 받아들입니다.	영희에 대한 미움. 영희를 미워한다.
나는 비록 **일과가 끝나면 피곤하지만**, 그런 나를 깊이 사랑합니다.	일과가 끝나면 피곤하다. 그 피곤함.

예시에서 볼 수 있듯 연상어구는 정해진 형식이 없다. 각자 편하게 만들면 된다. 특히 '그', '그것', '그 사건', '그 일', '그 아픔' 등 대명사를 사용하면 좀 더 쉽게 연상어구를 만들 수 있다.

• 기본 두드리기Seguence

기본 두드리기의 타점과 순서 '머리 정중앙 → 눈썹 안쪽 → 눈가 → 눈 밑 → 코 밑 → 입술 아래 → 쇄골 시작점 아래 → 겨드랑이 아래 → 명치 옆 → 엄지 → 검지 → 중지 → 소지 → 손날'이다. 자기수용문이나 연상어구를 말하면서 각 타점을 7회 정도 두드리는 과정으로 편한 손을 사용해 검지와 중지 두 손가락 끝을 가지런히 모아 두드린다.

타점의 위치나 순서는 정확하지 않아도 된다. 즉, 그 부위를 자극한다는 느낌을 가지고 두드리면 되고, 순서는 편의에 따라 생략하거나 바꿔도 된다. 두드리는 횟수는 자기수용문이나 연상어구를 말하는 시간에 맞추면 된다. 7회는 평균적인 횟수로 보면 된다. 각자 편의에 맞춰 5~9회 정도 두드리면 된다.

• 손등 두드리기(뇌 조정 과정, 9 Gamut Procedure)

뇌 조정 과정은 좌뇌와 우뇌가 서로 조화를 이루게 해주는 것이다. 이 과정은 손등 타점을 두드리면서 눈동자 굴리기, 허밍, 숫자 세기 등으로 구성된다. 구체적 방법은 다음과 같다.

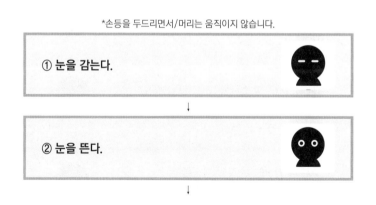

*손등을 두드리면서/머리는 움직이지 않습니다.

① 눈을 감는다.

↓

② 눈을 뜬다.

↓

③ 눈만 오른쪽 아래 끝 부분을 바라본다.

↓

④ 눈만 왼쪽 아래 끝 부분을 바라본다.

↓

⑤ 눈만 눈동자를 시계 방향으로 크게 돌린다.

↓

⑥ 눈만 눈동자를 반시계 방향으로 크게 돌린다.

↓

⑦ 약 2초 정도 허밍한다.
　(좋아하는 노래 또는 경쾌한 노래로 우뇌 자극)

↓

⑧ 1에서 5까지의 숫자를 소리 내어 센다.
　(좌뇌 자극)

↓

⑨ 다시 한 번 약 2초 동안 허밍한다.
　(좋아하는 노래 또는 경쾌한 노래)

뇌 조정 과정은 환기의 목적도 있다. 이 방법이 번거롭다면 간단하게 집 전화번호나, 자신의 주민번호를 외워보자. 이런 간편한 방법으로 뇌를 환기시킬 수 있다.

• 기본 두드리기 Seguence(반복)

뇌 조정 과정이 끝나면 앞에서 실시한 기본 두드리기를 반복한다. 이렇게 기본 과정은 '준비 단계 → 기본 두드리기 → 손등 두드리기(뇌 조정 과정) → 기본 두드리기(반복)'의 순으로 진행된다.

● 3단계: 조정 과정

기본 과정을 마친 후 앞서 설명한 주관적 고통지수(SUD)를 다시 측정해보자. 이를 통해 기본 과정의 효과를 확인할 수 있다. 하지만 개인별·증상별로 차이가 날 수 있다. 문제가 완전히 해결되기도 하지만, 부분적으로만 효과가 있거나 별다른 효과가 없는 경우도 있다. 이렇게 기본 과정을 끝낸 후 효과와 증상을 평가하고 다시 해결해가는 과정을 조정 과정이라고 한다.

• 효과가 없는 경우

기본 과정을 시행한 뒤에도 주관적 고통지수(SUD)가 10점(최악의 상태)이라면 문제가 전혀 해결되지 않았다는 것을 뜻한다. 이런 경우라면 증상이나 문제를 표현하는 자기수용문을 좀 더 구체적으로 만들어볼 필요가 있다. 또는 문제와 관련된 다른 아이디어를 자기수용문에 반영할 필요가 있는지 생각해보자. 새로운 자기수용문이 완성되면 기본 과정을 다시 반복한다.

• 부분적으로 효과가 있는 경우

기본 과정을 끝낸 후 주관적 고통지수(SUD)가 0점을 가리키지 않는다면 '여전히'라는 단어를 넣어 자기수용문을 다음과 같이 바꿔 본다.

> "나는 비록 **여전히** ~가 남아 있지만, 마음 속 깊게 온전히 나 자신을 받아들입니다."
>
> "Even though I **still** have **some of** this (　　　), I deeply and completely myself."

이렇게 자기수용문을 새로 만들고, 연상어구도 '여전히 남아 있는 ~'로 바꿔 기본 과정을 반복한다.

EFT의 효과가 나타나지 않는다면?

EFT의 기본 과정과 조정 과정을 모두 거쳤는데도 효과를 보지 못하는 경우가 있을 수도 있다. 개인별·증상별로 편차가 있기 때문이다. 이럴 때는 다른 시간대 다른 장소에서 다시 한 번 시행해볼 것을 권한다. 그래도 지속적으로 효과가 없다면 다음 사항들을 점검해보도록 하자.

• 준비 단계가 부실하지 않았는가?

효과가 나지 않을 때는 손날을 더 세게 두드리거나 가슴 압통점을 더 열심히 문지르며 큰 소리로 자기수용문을 말해본다. 간혹 호흡이 불안정해 효과가 잘 나타나지 않는 경우가 있다. 이런 때는 양쪽의 쇄골 타점을 두드리면서 복식 호흡을 10회 이상 시행한다. 이를 통해 호흡을 정상화시킨 뒤, 다시 EFT를 시행하는 것이 좋다.

• 한 번에 여러 문제를 접근하지 않았는가?

기본적으로 한 문제에 집중해 그와 관련된 에너지 시스템 혼란을 바로잡는 것이 EFT의 작용 방식이다. 따라서 EFT를 시행할 때는 한 문제에 집중하는 것이 중요하다. 예를 들어 자기수용문을 "나는 비록 **어제 운동을 심하게 해서 어깨도 아프고 허리도 아프지만** 그런 나를 깊이 사랑합니다"로 하면 효과가 없을 수도 있다. 이런 때는 **어깨**와 **허리**를 따로 분리해 EFT를 적용하는 것이 좋다. 한 문제씩 집중하자는 뜻이다. 정신이 산만하거나 잡념이 심하게 섞여 있는 경우에도 효과가 잘 나지 않는다.

• 문제를 너무 추상적으로 표현하지 않았는가?

EFT의 자기수용문은 최대한 구체적으로 문제를 표현하는 것이 중요하다. 예를 들어 "나는 비록 **남자친구에게 화가 나 있지만** …"으로 하는 것보다 "나는 비록 **남자친구가 오늘 저녁 약속을 어겨 서운하고, 그 사실에 대해 사과도 안하는 남자친구에게 화가 나지만** …"으로 하는 것이 좋다. 가능한 구체적으로 자신의 감정과 욕구를 표현할수록 좋다.

자기수용문을 구체적으로 만들기 위해서는 자신의 감정과 욕구를 정확히 파악하는 것이 중요하다. 이를 위해서는 판단이나 생각 없이 사건을 관찰하는 기법을 익혀야 한다. 다음 자기수용문을 예시로 삼아 그 기법을 배워보자.

"나는 비록 후배가 무례하게 행동해서 화가 나지만, 이런 나 자신을 마음 속 깊게 받아들입니다."

'후배가 무례하게 행동한 것'이라고 표현한 것은 더 정확히 말하면 '내가 후배의 행동을 무례하다고 생각한 것'이다. 어떤 행동이 자신에게 무례하게 생각됐는지를 관찰하면 다음 같은 경우들이 나올 수 있다. '나보다 나이 어린 후배가 살짝 반말을 섞어 쓰는 것', '선배인 나와 얘기하다가 도중에 다른 곳으로 가버리는 것', '내 의견을 말없이 따라줬으면 좋겠는데, 그렇지 않은 것', '내가 의견을 냈을 때 반대 의견을 개진한 것' 등. 이런 행동들이 나에게 무례하다고 생각된 것이다. 이를 바탕으로 자기수용문을 구체적으로 바꿔보면 다음과 같다.

> "나는 비록 **후배가 살짝 반말을 섞어 쓰는 것**에 화가 나지만, 이런 내 자신을 받아들입니다."

> "나는 비록 **후배가 나와 말을 하다가 '휙' 가버린 것**에 화가 나지만, 이런 내 자신을 받아들입니다."

> "나는 비록 **후배가 내 의견을 따라 주지 않은 것**에 대해 화가 나지만, 이런 내 자신을 받아들입니다."

> "나는 비록 내 의견에 반대 의견을 낸 후배 태도에 화가 나지만, 이런 내 자신을 받아들입니다."

• 다른 경험이나 감정들이 문제 해결을 방해하지 않았는가?

반복적으로 EFT를 시행했는데도 효과가 없다면 문제의 원인을 바라보는 관점을 바꿔볼 필요가 있다. 증상과 관련된 다른 기억, 과거 사건이 문제의 해결을 방해하는 경우가 있기 때문이다.

평소에는 괜찮다가도 상사에게 보고할 때만 되면 심하게 긴장해 가슴이 두근거리는 30대 남성이 있었다. 환자에게 EFT를 시행했으나 증상이 크게 좋아지지 않았다. 그래서 관점을 바꿔보기로 했다. 그 증상과 관련된 과거의 사건이나 느낌을 생각해보도록 했다. 그러자 중학교 시절 영어책을 읽었을 때 발음이 안 좋아 친구들에게 놀림을 당했던 기억, 대학교 때 중요한 실험 발표에서 실수를 해 여러 사람들에게 핀잔을 받은 기억 등이 떠오른다고 했다.

그때를 떠올리니 얼굴이 화끈거리고 가슴이 다시 두근거리는 것 같은 느낌이 든다는 것이다. 이 기억과 느낌을 가지고 다시 EFT를 시행했더니 현재의 증상(직장 상사에게 보고할 때 가슴이 두근거리는 증상)이 개선됐다.

증상 자체보다는 그 증상에 대한 느낌이나 감정이 문제의 해결을 방해하는 경우도 있다. 환자 중 딱딱한 음식을 먹다가 잇몸에 통증이 생긴 40대의 여성이 있었다. 4개월간 치과 치료를 받았으나 특별한 이상이 없다는 진단을 받았다. 그 후에도 호전되지 않았고 지속적으로 입속에 이물감을 느끼며, 통증을 호소했다. 그래서 잇몸 통증에 대한 EFT를 시행했다. 하지만 큰 효과를 보지 못해 관점을 바꿔보기로 했다.

먼저 현재의 증상을 생각할 때 문득 연상되는 것을 물어봤다. 환자는 '아버지의 틀니'가 떠오른다고 했다. 환자는 늙으신 부모님의 틀니를 본 기억이 자신에게 충격이었다고 했다. 점점 늙어가면서 '나도 결국에는 틀니를 껴야 되지 않을까?', '나는 아직 젊은 것 같은데 벌써 이가 아프다니' 등등의 생각에 자신의 상황이 서글펐다고 했다. 이 감정에 대해 EFT를 하니 환자의 잇몸 통증이 줄어들기 시작했다.

이렇듯 문제 자체보다는 그것과 연관된 과거의 경험이나 다른 기억, 또는 문제에 대해 생각되는 감정이나 느낌이 문제의 해결을 막고 방해하는 경우가 적지 않다.

EFT 효과가 잘 나지 않을 때는 자신에게 다음과 같이 질문해 보자.

> '현재의 상황이나 느낌과 연관돼 떠오르는 과거의 사건이 있는가?'
> '이 문제를 생각할 때 몸에서 어떤 느낌이 들고, 마음으로는 어떤 감정이 떠오르는가?'
> '지금 드러나는 증상보다 더 큰 문제가 있다면 무엇일까?'

• 심리적 역전 현상이 발행하지 않았는가?

'심리적 역전 현상'은 자신의 무의식과 의식이 갈등을 일으킬 때 일어난다. 의식은 치료를 원하지만 무의식은 저항하고 치료를 회피하는 현상을 말한다. 심리적 역전은 크게 두 가지 원인 때문에 발생한다.

첫 번째는 만성화 된 부정적인 생각이나 성향, 즉 잘못된 신념이다. 잘못된 신념을 만들어내는 부정적 생각은 부정적 경험의 반복을 통해 주로 형성되지만 다음과 같은 생각의 오류를 통해서도 만들어진다.

●흑백논리(이분법적 사고, 양극단적 사고)

오직 두 가지 범주로만 나눠 상황을 바라본다.

(예) 완벽하게 성공하지 못하면 실패한 것이다.

●점쟁이의 오류

현실적인 고려 없이 미래를 부정적으로 예상한다.

(예) 그가 그렇게 행동한다면 나는 매우 화가 날 것이고, 전혀 다른 방법
이 없을 것이다.

●긍정에 대한 평가 절하

자신이나 다른 사람 혹은 어떤 상황을 평가할 때, 이성적으로 부정적인
측면을 강조하고 긍정적인 면을 최소화한다.

(예) 좋은 평가를 받는 것이 내가 똑똑하다는 것을 의미하지는 않는다.
평가를 받는다는 사실 만으로도 내가 얼마나 부족한지 증명되는 것
이다.

●감정적 추론

어떤 일이 틀림없는 사실이라고 생각하기에 그 반대되는 증거는 무시하
거나 고려하지 않는 경우가 있다.

(예) 많은 사람이 잘했다고 평가했지만, 여전히 나는 실패자라고 느낀다.

● **명명하기**

합리적인 증거를 고려하지 않고, 자신이나 다른 사람에게 고정적이며 일반화된 이름을 붙인다.

(예) 나는 실패자야.

● **지나친 일반화**

현재 상황을 넘어서는 '싹쓸이식'의 부정적 결론을 내린다.

(예) 이번 평가에서 받은 한 가지 낮은 점수는(비록 몇 개의 높은 점수가 있어도) 내가 일을 엉망으로 한다는 것을 의미한다.

● **터널 시야**

한 상황의 부정적 면만을 본다.

(예) 요즘 왜 이렇게 힘든 거야. 지금까지 살면서 나는 성공하거나 잘 된 적이 없어.

이런 오류들 때문에 만들어진 잘못된 신념은 EFT의 효과를 직접적으로 방해한다. '나는 어떤 방법을 써도 좋아지지 않을 거야', '나는 자격이 없어', '나는 운이 없어', '이 방법이 효과가 있을까?', '내가 잘못된 방법으로 시간을 낭비하는 것은 아닐까?' 등이 대표적이다.

이런 신념이나 태도가 있다면 먼저 이를 해결해야 한다. 이에 대한 자기수용문을 다음과 같이 만들어 EFT로 해결할 수 있다.

"내가 비록 '이 방법이 효과가 있을까?' 하는 의심을 하고 있지만, 이런 생각을 하는 나를 받아들입니다."
"내가 비록 '이 증상이 낫지 않을 것 같다'는 생각을 하고 있지만, 이런 생각을 잠시 내려 놓고 건강한 상태가 될 것을 선택합니다."
"왜 나는 점점 EFT 효과를 잘 볼까?"

심리적 역전 현상의 두 번째 원인은 '부가적 이득'이다. 내면의 무의식이 현재의 문제를 해결하지 않고 유지하는 것이 오히려 이득(부가적 이득)이라고 판단할 때, 간섭과 방해 현상이 나타난다. 자신의 무의식이 의식에 저항하는 상태이므로 본인의 의식적 판단과 무의식적 판단이 충돌되는 상황이다.

금연을 원하는 사람이 있다고 하자. 이 사람은 의식적으로 강하게 '금연'을 원하고 있다. 하지만 무의식적으로는, '담배를 끊으면 스트레스 받았을 때 어떻게 견디지?', '담배를 끊으면 살이 찌지 않을까?', '담배를 끊으면 점심 식사 후 동료들과 잡담하면서 보내는 시간을 견딜 수 없을 텐데' 등의 생각을 할 수도 있다.

이런 부가적 이득에 의한 심리적 역전이 있는지를 파악하기 위해 스스로에게 다음 질문을 해보자.

'이 문제가 사라지면 나쁜 점이 무엇인가?'
'이 문제가 있어서 좋은 점은 무엇인가?'
'이 문제가 사라지면 다른 사람에게 해가 되는가?'
'이 문제가 사라지는 것이 가장 안전하고 편안하고 좋은 일인가?'

이런 질문들 속에서 심리적 역전 현상을 발견한다면, 먼저 그 원인을 해결하기 위한 자기수용문을 만들어 EFT를 시행해야 한다.

지금까지 EFT 효과가 나타나지 않는 경우 따져봐야 할 체크 포인트를 점검했다. 이와 함께 때로는 전문가 도움을 받는 것을 고려해볼 필요가 있다. 자신의 문제에 너무 밀착돼 스스로를 객관적으로 보기 어려운 경우도 있기 때문이다. 스스로 이유를 찾기 힘들 때나 문제 자체가 거대하고 복잡해 너무 고통스러울 때는 전문가의 도움을 받아 문제 해결을 가로막는 요소들을 찾아보는 것이 좋다.

EFT를 더 자세히 공부하고 싶다면 미국 공식 홈페이지(www.emofree.com)를 방문하거나 한국EFT 사이트(www.eftkorea.net), 도서 《5분의 기적 EFT》 등을 참고하면 된다.

EFT 120% 효과 얻기

EFT는 심리적인 문제 뿐 아니라 육체적 문제, 나아가 살면서 해소되지 않는 여러 불편한 점들을 해결할 수 있는 강력한 치유 도구다. 하지만 같은 도구를 사용하더라도 그 도구를 사용하는 사람의 능력에 따라 효과는 달라질 수밖에 없다.

경험상으로도 EFT의 효과는 사용하는 사람에 따라 많이 좌우되는 것을 봤다. 먼저 EFT의 방법을 익히는 것이 기본이다. 더불어 자기계발서나 동서양의 철학 공부를 통해 인문학적 소양을 기른다면 이 강력한 도구를 120% 활용할 수 있다.

감사의 말씀
나의 EFT는 한의사이자 EFT KOREA의 마스터 트레이너인 '최인원' 원장님으로부터 나왔다. 이 책에 국문으로 번역된 EFT 용어 중 일부는 최 원장님이 고심한 내용들을 발췌했다. 흔쾌히 도움을 허락하신 최 원장님께 다시금 감사의 말씀을 전하다.

Part

2

몸 비우기
몸 안을 깨끗이 세탁하라

건강한 심신의
기본은 호흡

천하를 얻어도 건강을 잃는다면 그것이 무슨 소용일까? 먼저 자
신의 건강을 잘 지킨 후에야 가정과 사회생활을 무사히 도모할 수
있는 법이다. 그렇다면 건강을 지키기 위해 가장 신경 써야 할 기본
사항은 무엇일까? 사람들은 흔히 음식과 운동을 말한다. "이 제품
은 우리 몸 어디에 좋은 무엇이 들어 있어서 피로에 좋고, 노화에도
좋고, 관절염에도 좋고, 여기에도 좋고, 저기에도 좋고", "어디에 좋
은 무엇이 1,000mg이나 들어 있습니다", "이것을 먹으면 어디에 효
과가 좋아요" 등. 홈쇼핑이나 인터넷에는 이처럼 건강에 좋다는 먹

을거리 정보(?)가 홍수를 이룬다. 그만큼 건강에 대한 관심이 높음을 반증한다.

그나마 설명이라도 자세히 해주면 다행이다. 설명도 없이 무조건 좋은 것을 강요하는 사례가 부지기수다. "비타민이 몸에 좋은 거 다 아시죠?" 비타민, 미네랄, 오메가3, 철분, 칼슘 등등. 이것들이 몸에 좋다는 사실을 모르면 정보에 둔한 사람, 뒤떨어지는 사람으로 취급받는다. 이 약이 신체 어떤 부위에 어떤 방식으로 작용한다는 등의 자세한 설명은 필요하지 않은 것처럼 보일 때도 있다. 다른 사람에게 좋은 약이 나에게도 무조건 좋은 것은 아닐 터인데도, 그저 무조건 몸에 좋다는 식으로만 기억을 강요당하기 일쑤다.

현실 세계에선 얄팍한 상술에 따른 허위광고나 과대광고나 너무 많다. 따라서 개별성을 무시한 방법에 의존해 자신의 음식, 운동습관을 선택하게 되는 경우가 적지 않다. 그만큼 정확하고 객관적 지식을 전달할 수 있는 통로가 부족한 것이 사실이다. 또한 허위·과장광고를 제대로 걸러내지 못하고 있는 사회적 책임도 일정 부분 부정할 수 없다. 하지만 자신의 건강에 대한 안일한 생각을 기반으로 귀얇은 행동을 하는 사람들에게도 어느 정도의 책임은 있다.

음식과 운동에 앞서 더 중요한 것이 있다. 바로 '호흡'이다. 호흡은 하루 24시간 동안 한 순간도 쉬지 않고 계속된다. 태어나면서 시작된 호흡은 죽음에 이르는 순간, 비로소 멈추게 된다. 사람은 공기가 없는 곳에서는 단 몇 분도 살 수 없다. 숨이 멈춘다는 것은 곧 죽음을 뜻한다. 반대로 숨을 쉰다는 것은 살아 있음을 말한다. 호흡이야말로 인간, 살아 있는 '생명의 원동력'이다. 영어로 '숨'을 뜻하는 'Breath'는 동시에 생명이나 생명력을 의미한다. 이것으로도 호흡은 생명을 유지하는 건강의 기본 토대가 됨을 알 수 있다.

한의학 관점에서 본 우리 몸은 정精, 기氣, 신神으로 이뤄진다. '정'은 육체를 구성하는 기본 물질, '신'은 정신을 구성하는 기본 물질, '기'는 정과 신을 소통해주는 작용을 뜻한다.

몸과 마음을 연결해 신체와 정신이 조화롭게 작용할 수 있도록 하는 것이 기의 역할이다. 먹을 것이 부족했던 시절에는 육체의 질병을 다스리는 것이 건강의 관건이었다. 그러나 이제 시대가 바뀌어 음식은 풍족하다 못해 넘친다. 따라서 단순히 '먹느냐'의 문제가 아

니라 '무엇'을 먹느냐, '어떻게' 먹느냐가 중요해졌다. 예전에는 육체를 구성하는 정의 질환이 많았지만 현대에는 순환과 정신의 구성 요소인 기, 신의 질환이 많다.

특히 물질적인 몸과 정신적인 마음을 연결하는 고리이자, 생명을 유지하는 생체 에너지인 기가 중요하다. 기는 불변의 상태로 고정되어 있지 않고, 우리의 몸을 들락날락하며 온몸을 돌면서 매순간 변화하고 있다. 호흡을 통해 우리는 외부의 신선한 공기를 온 몸에 제공하고, 몸 안의 노폐물을 몸 밖으로 배출한다. 이는 기를 순환시키는 작용을 한다.

기는 경락을 통해 몸을 다스린다

한의학에서는 호흡을 주로 폐와 신장이 주관한다고 본다. 오장육부의 건강한 작용에 영향을 주는 것도 기의 흐름이다. 기는 경락經絡을 통해 순환한다. 우리 몸에는 수많은 경혈經穴이 존재하고, 그 경혈의 집합을 경락이라 한다. 경락은 혈관이나 신경이 그물처럼 엉켜 흐르고 있는 것처럼 우리 몸을 흐르고 있다.

우리 몸의 어느 부분이든지 기의 흐름이 막히게 되면 불편함이나 통증이 생긴다通則不痛 不通則痛. 이럴 때는 불편함이나 통증이 있는 곳과 관련 있는 경혈을 자극하면 막혔던 기의 흐름이 좋아진다. 결과적으로 불편한 증상이 완화된다. 예를 들어 감기가 들어 목이 아플 때는 호흡계와 관련 있는 수태음폐경手太陰肺經의 혈자리인 소상小商, 열결列缺에 침을 놓으면 즉시 목이 풀리기 시작한다.

기는 마음과 육체를 소통시키는 작용을 한다. 그러므로 정서적인 부분도 기의 흐름을 통해 조절할 수 있고, 반대로 기의 흐름에 문제가 생기면 심적인 부분에 영향을 미치기도 한다. 우리는 보통 마음이 편할 때 느린 호흡을 하고, 불안하거나 초조할 때는 짧고 거친 호흡을 한다. 이를 이용해 의식적으로 호흡을 조정할 수 있다. 가슴을 쭉 펴고 숨을 깊이 들이마시면 교감신경을 자극되어 흥분 상태가 된다. 반대로 내쉬는 숨을 들이마시는 숨보다 길게, 그리고 천천히 하면 부교감신경이 활성화되어 마음이 진정되면서 흥분이 가라앉는다. 운동할 때 숨을 내쉬면서 힘을 주는 것은 모두 이런 이유 때문이다. 숨을 내쉬면서 힘을 주게 되면 근육을 충분히 이완시켜 과긴장으로 인한 상해를 예방할 수 있다. 이렇듯 기의 흐름을 조절하는 주요한 방법 중 하나가 호흡이다. 호흡은 기의 흐름을 통해 심신에 막대한 영향을 미친다.

그러나 일상생활에 우리는 '호흡한다'는 것을 특별히 의식하고 있지 않다. 호흡기관은 자율 신경에 의해 조절되므로 특별히 의식하지 않아도 저절로 활동하기 때문이다. 또한 호흡은 자기 의지대로 조절할 수도 있다. 다시 말해 원하는 대로 자신의 호흡 방식을 바꿀 수 있다는 것이다. 따라서 마음만 먹으면 건강에 더 유익한 호흡법을 익힐 수 있다.

운동 상태에 따라 차이가 있지만 성인의 호흡 횟수는 평균적으로 1분에 16~18회 정도다. 하루 24시간으로 계산해보면 총 2만 5,000번 이상 호흡하는 셈이다. 평균 수명이 80세 정도라고 하면 한 사람은 그의 평생 모두 7억 5,000번 이상 호흡한다. 수많은 호흡 중 한 번의 호흡은 별거 아닌 것처럼 느껴질 수도 있다. 그러나 평생의 호흡은 우리의 몸과 마음에 엄청난 영향을 미칠 수 있다. 올바르게 호흡하는 방법을 익힌다면 몸과 마음을 건강하게 지킬 수 있고, '불건강 상태'를 '건강 상태'로 바꿀 수 있다.

호흡, 이렇게 작용한다(정서적 효능과 육체적 효능)

우리가 바른 호흡이라고 말할 수 있는 호흡은 편안하고 깊이 하는 '심호흡'이다. 심호흡은 폐와 횡격막, 가슴의 모든 호흡 근육이 하

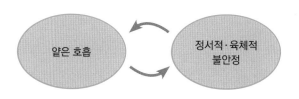

나가 되어 호흡하기 때문에 폐의 구석에까지 공기를 보낼 수 있다. 이에 비해 얕은 호흡은 어깨나 가슴 일부분으로만 호흡하여 폐의 일부분만 사용하는 상태를 말한다. 이런 호흡을 하면 들이마시고 내보내는 공기의 양이 적어지고, 호흡과 연관된 자율신경계의 움직임도 약해진다. 자율신경의 움직임이 약해지면 포만감을 느낄 수 없게 되기 때문에 곧 과식으로 이어진다. 이는 점차 비만으로 진행된다. 또한 몸이 충분히 이완될 시간이 없어 항상 긴장 상태를 유지하게 된다. 정서적으로도 긴장 상태를 유지하게 된다. 이렇듯 얕고 짧은 호흡은 육체적 질환 뿐 아니라 심리적 불안상태도 야기한다.

시간적 여유가 부족하고 심한 스트레스 속에서 살고 있는 현대인들은 대체로 호흡이 짧다. 따라서 얕은 호흡으로 초래된 문제로 질병이나 고통을 겪는 경우가 많다. 얕은 호흡은 버릇이 된다. 특히 스트레스는 사람의 호흡을 더 얕고 짧게 만드는 작용을 한다. 이는 정서적·육체적 불안정 상태를 더욱 악화시키는 악순환 고리를 만든다.

성인남자의 경우 평균 안정호흡 시의 호흡기량은 400~550㎖ 정도다. 이것을 1회 호흡기량Tidal Volume이라 한다. 1분에 20회 호흡하면 8~11L가 되는데, 하루에 약 1.5L의 공기를 호흡하는 것이다. 그런데 심호흡 시에는 이보다 1회에 약 1,800㎖도 흡입할 수 있고, 또 호출에 있어서도 약 1,500㎖ 정도 호출할 수 있다. 만일 깊은 호흡법을 실행해 10%만 더 많이 호흡한다 하더라도 몸은 더욱 편안해질 수 있다.

한 번의 호흡으로 큰 차이를 느끼지 못할 수도 있다. 그러나 한 번 호흡할 때마다 좀 더 깊게 호흡하면 1년 동안, 혹은 10년 동안의 몸과 마음의 변화는 엄청날 것이다.

우리는 어떤 호흡을 하고 있는가?

일본의 요가 권위자인 다츠무라 오사무에 따르면 사람들이 하는 호흡 방식은 세 종류로 볼 수 있다고 한다. 또 대부분의 사람들은 세 가지 호흡 중 어느 한 가지로 호흡하는 습관을 가지고 있다고 한다.

① 어깨 호흡

어깨와 쇄골, 가슴 윗부분만 올라갔다 내려갔다 하는 호흡 방식으로 '쇄골 호흡'이라고도 한다. 이 호흡의 경우 복부와 횡격막Diaphragm의 움직임이나 늑골의 전후좌우 움직임이 거의 없다. 폐로 출입하는 공기의 양이 적고, 가슴이나 어깨, 목의 근육을 많이 움직이는 것에 비해 호흡의 효율성이 떨어진다. 어깨 호흡이 버릇이 되면 턱이 앞으로 나오고 어깨가 올라가고 등이 둥글게 굽어 새우등 자세가 된다.

* 만성 소화불량이 있는 사람이나 호흡기가 약한 사람, 신경증이 있는 사람 중에는 이렇게 호흡하는 습관을 가진 사람이 많다.

② 흉식 호흡

늑골의 개폐 운동에 따른 기압의 차이로 공기가 드나드는 호흡법이다. '늑골 호흡'이라고도 부른다. 이 호흡법에서는 흉곽의 일부가 확장·축소하는 움직임에 의해 공기가 드나드는데, 횡격막은 위로 올라가는 느낌이고 상하의 움직임이 거의 없다. 복강도 안으로 쑥 들어간 채 움직임이 적다. 호흡의 효율성은 어깨 호흡보다는 높지만 복식 호흡에 비하면 떨어진다.

* 평소에 어깨나 목 등이 결리고 긴장을 풀기 어려운 상태가 계속되는 사람은 이 방식으로 호흡하는 경우가 많다.

③ 복식 호흡

호흡할 때 배가 앞뒤로 움직여 언뜻 보면 배에 공기가 들어가는 것처럼 보이기 때문에 복식 호흡이라고 부른다. 실제로는 횡격막이 위·아래로 움직이고, 이 움직임에 따라 폐의 내외 압력이 변화하면서 공기가 드나드는 호흡법이다. 횡격막의 상하 운동으로 공기가 드나들기 때문에 '횡격막 호흡'이라고도 부른다. 숨을 내쉴 때 횡격막은 돔 모양이 된다. 숨을 들이마시면 이 돔이 낮아지면서 복강에 압력을 가해 복부가 불룩해진다. 많은 사람들이 복식 호흡을 올바른 호흡이라고 생각하고 있지만 사실 이 호흡도 완전하진 않다. 폐의 아래 부분과 중간 부분에는 어느 정도 공기가 들어가지만 윗부분까지는 완전히 채워지지 않는다. 하지만 어깨 호흡, 흉식 호흡에 비하면 훨씬 우수한 호흡법이다. 효율성도 제일 좋다.

평소 우리는 복식 호흡과 흉식 호흡이 자연스럽게 섞인 방법으로 호흡한다. 그러나 대부분의 사람들은 양쪽 모두 불완전하게 호흡하기 때문에 아무래도 얕은 호흡을 하게 된다. 특히 어깨나 목이 결리는 사람, 명치 부근이 뻐근한 사람, 등이 굽은 사람, 등 뒤로 양손을 잡지 못하는 사람, 가슴 근육이 저린 사람 등은 아무리 깊게 호흡하려고 해도 잘 되지 않는다. 호흡과 관련 있는 근육군의 유연성을 높이는 방법이나, 적어도 몸을 편하게 하는 방법을 익혀 긴장을 푸는 것이 선결 문제다.

● 정서적 효능

우리가 알고 있는 호흡의 과정은 다음과 같다.

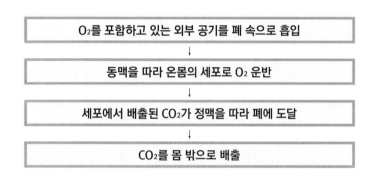

O_2를 포함하고 있는 외부 공기를 폐 속으로 흡입

↓

동맥을 따라 온몸의 세포로 O_2 운반

↓

세포에서 배출된 CO_2가 정맥을 따라 폐에 도달

↓

CO_2를 몸 밖으로 배출

하지만 이런 지식은 호흡이 갖는 작용에 비해 극히 단편적인 것, 표면적인 것에 불과하다. 호흡은 우리가 보통 알고 있는 것보다 훨씬 더 심오한 작용을 한다. '숨 쉰다'라고 할 때 '숨'은 '살아 있다'는 말과 같은 의미로 사용된다.

사람이 한번 공기를 최대한 들이마셨다가 내뿜을 수 있는 최대 가스량을 폐활량Vital Capacity이라 한다. 여기서 'Vital'을 사전에서 찾아보면 '생명 유지에 필수적인, 활력이 넘치는' 등의 의미가 있다는 것을 알 수 있다. 그러므로 숨을 올바로 쉬는 호흡법을 배우는 것은 활력 있는 삶을 살아가는 방법을 배우는 것과 같다 해도 과언이 아니다.

삶의 활력은 순간에 대한 '집중력'과 집중을 하지 않는 순간의 '편안함'에서 나온다. 집중과 편안함이 조화를 이룰 때 우리의 생활은 활기차진다. 언뜻 이질적인 집중력과 편안함은 동전의 양면처럼 깊은 관련이 있다. 우리의 몸은 편안하게 안정되지 않으면 완전하게 집중할 수 없다.

우리가 보통 '편안하게 누워 있다'고 생각할 때도 자세히 내 몸을 관찰해보면 어느 한 근육이 결리거나 여전히 긴장감이 남아 있는 경우가 많다. 통증이나 긴장감은 지속적인 편안한 상태를 방해한다. 편안한 상태일 때, 대뇌는 알파α파나 세타θ파라는 뇌파 상태가 된다. 그렇게 되면 두뇌가 예리해져 유연하게 발상할 수 있고 직감이 활발하게 작용한다. 일이나 학습에 집중도가 높아져 그 수행 능력이 향상됨은 물론이고 건강이나 원기 회복의 토대가 된다.

수험생들이 자주 찾는 '총명탕聰明湯'이라는 보약이 있다. 수험생들은 입시에 따른 불안감 등으로 지속적인 스트레스 상태에 놓여 있다고 할 수 있다. 따라서 이런 스트레스 상태가 신체에 주는 악영향을 최소화하고 이미 흐트러진 인체 기혈의 불균형을 바로잡는 치료가 우선시된다. 이를 위해 '총명탕'은 뇌세포의 활성도를 높이는 것으로 밝혀진 원지遠志, 석창포石菖蒲 등의 약물과 원기를 북돋아주는 녹용鹿茸, 마음을 안정시키고 집중력을 높여주는 백복신白茯神 등의 한약재를 사용한다. 또 여기에는 소화를 잘 도와주는 약재와 몸의 근육을 풀어주는 한약재가 첨가된다. 그 이유는 우리 몸이 긴장감 없이 편안할 때 가장 집중력을 발휘 할 수 있기 때문이다.

하지만 따로 총명탕을 먹지 않고도 집중력도 높이고, 심신을 편안하게 하는 방법이 있다. 간단하다. 깊고 천천히 호흡하는 것이다. 깊고 천천히 하는 호흡은 자율신경도 안정시키고, 인체 호르몬의 균형도 좋아진다. 자율신경에는 교감신경과 부교감신경이 있다. 양쪽의 움직임이 원활해지면 인체의 면역력과 자연 치유력도 높아진다. 또 두뇌 회전도 잘 되고 정서적으로도 안정된다.

올바른 호흡을 하는 방법을 알면 자신의 미래 건강에 도움이 될 뿐 아니라, 나아가 자신의 정서를 조절할 수 있는 힘을 자연스럽게 익히게 된다.

● 육체적 효능

일반적으로 호흡은 폐와 외부 세계 사이에서 이뤄지는 산소와 이산화탄소의 교환을 가리킨다. 폐에서 이뤄지는 가스교환은 외부의 산소를 들이마시기 때문에 '외호흡'이라 한다. 이렇게 폐 속으로 들어간 공기 중의 산소는 혈액 속으로 흡수되어 동맥을 통해 각 조직세포로 공급된다. 이때도 세포에서 산소와 이산화탄소의 교환이 이뤄진다. 이때는 이미 산소가 혈관 안에 녹아져 있는 것을 사용하기에 '내호흡'이라고 부른다.

생물이 살아가려면 외부로부터 영양이 될 만한 물질을 섭취해 그것을 에너지로 전환해야 한다. 이때 산소가 필요하고, 그 물질을 연소시켜서 에너지로 바꾼다. 이 과정에서 이산화탄소가 배출되는 것이다. 이 같은 세포 호흡, 즉 내호흡은 생물에게는 외호흡보다 훨씬 본질적인 호흡이라 할 수 있다. 물론 외호흡도 중요한 역할을 한다. 외호흡이 불완전하면 내호흡도 불완전해진다. 세포는 산소가 부족한 채로 활동하게 되므로 불완전 연소, 불완전 배출을 일으키게 된다. 이런 상태에서는 세포가 약해지고 노화를 촉진한다.

산소가 공급되지 않으면 세포는 충분히 제 기능을 발휘하지 못하고 죽는다. 얕은 호흡을 오래 하면 세포는 산소 부족으로 기능이 저하되어, 노폐물 배설이 원활하지 못한다. 결국 세포를 기본으로 하는 오장육부에 타격을 입게 된다. 그리하여 산소가 부족한 세포는 암 같은 질병의 원인이 되기도 한다. 산소의 필요성은 세포기관에 따라 달라지지만 일반적으로 근육세포에서 필요한 산소 요구량을 기준으로 하면, 심장의 근육세포는 5배 이상, 뇌의 신경세포는 10배 이상이 필요하다.

흔히 현대인의 3대 사망 원인을 암·뇌졸중·심장병이라 하는데, 이런 질병은 결국 호흡이 제대로 되지 못해 몸의 산소 부족으로 인해 발생한 결과로 볼 수도 있다.

혈액의 상태도 호흡에 중대한 영향을 미친다. 같은 양의 혈액일지라도 산소를 더 많이 포함할 수 있는 혈액이 세포조직에 더 많은 생기를 북돋을 수 있다. 이런 혈액의 상태에 가장 큰 영향을 미치는 것은 식습관이다. 한의학에서는 혈액의 생성에 '비장脾臟'과 '위장胃臟'이 주된 작용을 한다고 본다. 장에서 영양을 흡수하는 과정은 혈액의 재료를 흡수한다는 의미에서 아주 중요하다.

그런데 현대인들은 필요 이상으로 배부르게 먹는 경향이 있다. 그러므로 넘쳐나는 영양소는 흡수되지 못한 채 그대로 배출되거나 지방의 형태로 몸에 축적된다. 몸속에서 음식을 영양으로 바꾸는 힘, 원동력이 호흡이다. 너무 많이 먹는데다가 얕은 호흡으로 산소까지 부족하면 영양을 충분히 연소시켜 에너지로 만들 수 없다. 이는 우리 몸에 필요한 에너지, 양질의 혈액을 효율적으로 생산하지 못함을 말한다.

내호흡이 잘되기 위해서는 혈액순환도 원활해야 한다. 세포는 주변의 혈관을 통해서 산소와 이산화탄소의 가스교환을 한다. 혈관으로부터 산소를 받아들이고, 사용한 이산화탄소를 혈관으로 버리는 것이다. 즉 내호흡은 혈관을 통해서 이루어지므로, 혈액순환이 내호흡의 질을 좌우하는 것이다.

이러한 혈액순환을 좋게 하려면 운동이 필수적이다. 보통 다리를 '제2의 심장'이라 표현한다. 다리 뒤쪽 근육의 혈관 펌핑Pumping 운동이 혈액의 순환을 촉진하기 때문이다. 그렇기에 걷는 운동이 혈액순환에 좋다. 걷는 것이 좋다고 해서 무작정 남들을 따라 걷기보다는 속도나 시간을 자신에게 알맞게 조절해 걷는 것이 좋다. 한의학에서 기와 혈액은 서로 순환을 도와주는 관계이다. 그러므로 스트레스를 잘 관리하여 기의 순환을 막지 않아야 혈액순환도 원활해진다.

운동량이 부족한 사람, 화를 잘 내는 사람, 스트레스를 많이 받는 사람은 간의 피로가 누적된다. 한의학에서 간은 근육을 주관하는 장기이다. 간의 기능 저하는 전신의 근육 기능 저하와 연관된다. 과음 과식하는 사람은 장 건강이 좋지 않을 수밖에 없다. 이는 위장과 장관이 위치한 복부의 근육이 비정상적 긴장·이완 상태가 된다. 이러한 사람들은 호흡을 할 때 모든 호흡근이나 주변 보조근이 충분히 작용을 할 수 없기에 점차적으로 얕고 짧은 호흡을 할 수 밖에 없게 된다.

이처럼 호흡이 원활하게 이루어지기 위해서는 육체적 건강 상태가 중요하다. 반대로 얕고 짧은 호흡은 육체적으로 불건강한 상태를 초래하기도 한다.

호흡 잘하는 방법

호흡기관은 심장이나 위장, 간장 등 다른 내장기관과 마찬가지로 자율신경계의 지배를 받아 무의식적으로 작용한다. 하지만 다른 기관과 달리 마음만 먹으면 의식적으로 조절할 수 있다. 손이나 발처럼 어느 정도는 자기 의지대로 움직일 수 있다. 따라서 잘못된 호흡법도 고칠 수 있다. 그러나 자신의 호흡법에 어떤 문제가 있는지 알지 못한다면 소용이 없다. 먼저 자신의 호흡을 자세히 관찰해 문제점을 찾는 노력이 바른 호흡을 위한 첫 걸음이다.

● 나의 호흡을 관찰하자

게임을 할 때는 게임의 법칙을 알아야 한다. 고스톱을 할 때나

포커를 할 때, 그 법칙을 모른다고 생각해보자. 홍단, 초단, 고도리가 몇 점이고 어떤 방식으로 점수를 내야하는지, 법칙을 모른다면 게임에 이겨도 왜 이겼는지를 모르고, 져도 왜 졌는지 모른다. 법칙을 모른 채 계속 게임을 해도 그렇다. 내가 왜 이기는지 지는 것인지 모르면 재미로 하는 게임이 재미없을 수밖에 없다. 게임은 재미없고 이해 안 되는 어려운 놀이일 뿐이다.

법칙을 알아야 왜 이기는지 지는지를 알 수 있다. 이런 이해를 통해 우리는 새로운 시도와 방법에 대한 각성을 할 수 있다. 새로운 호흡법도 그 법칙을 알면 활용함에 있어서도 새로운 각성을 할 수 있다. 자신의 호흡법을 관찰하는 것이 법칙을 알아가는 그 첫 단추다.

의자에 편하게 앉아 등을 펴고 가볍게 눈을 감는다. 그리고 지금 하고 있는 호흡을 의식하는 것부터 시작한다. 자연스럽게 호흡을 관찰해보자. 처음에는 호흡에 따라 가슴이나 배가 어떻게 움직이는가를 관찰해보는 것이 좋다. 다음에는 코 속으로 공기가 드나드는 모습을 관찰해보도록 한다. 눈을 가볍게 감은 채 코 구멍에 양방향으로 여닫을 수 있는 문이 달렸다고 생각하자. 공기가 오갈 때 마다 문이 열리는 방향을 자세히 관찰한다는 기분으로 숨이 들어가고 나가는 상황을 관찰하는 것이다.

호흡 관찰 목적이 단순히 자신의 상태를 파악하는 것에만 있지는 않다. 우리의 몸은 호흡을 의식하기만 해도 저절로 이완될 준비를 한다. 또한 마음은 점차적으로 안정되어 간다. 호흡 관찰은 자신의 몸이나 마음의 상태를 좀 더 편하고 안정된 상태로 만드는 계기가 된다. 10분 정도 휴식을 취한다는 가벼운 마음으로 호흡을 관찰하는 시간을 가져보자. 호흡을 관찰하는 것은 바람직한 이완 호흡법을 익힌 후에도 습관처럼 매일 반복하는 것이 좋다.

● 호흡은 코로 하자

포유류 중 유일하게 인간만이 입으로 호흡할 수 있는 구조를 가졌다. 인간은 입과 코가 연결되어 있어 양쪽으로 호흡할 수 있다. 인류가 입으로 호흡할 수 있게 된 원인으로 언어가 지목된다. 다른 동물처럼 단순히 짖거나 우는 소리만 내는 게 아니라, 발성을 통해 복잡한 말을 하게 되면서 입 호흡이 필요해졌다는 추론이다. 그러나 인간이 입으로 호흡할 수 있게 되면서 부정적 요인도 발생했다. 생체방어기구가 다른 포유류에서는 찾아보기 힘든 이상 면역계의 질병에 관여하게 된 것이다.

일본 의학박사 니시하라 요시나리는 입으로 숨을 쉬는 것이 결과적으로는 면역력을 약하게 만든다고 경고한다. 이로 인해 비염이나 천식, 두드러기, 알레르기 같은 증세가 유발되었다. 더 심한 경우 면역계의 이상인 관절 류머티즘이나 악성 림프종 등이 발병하기 쉬운 체질로 변한다는 지적이다.

전통적인 요가 호흡법에서도 내쉬는 숨을 입으로 하는 경우가 있긴 하지만, 들이마시는 숨은 거의 모두 코로 하라고 가르친다. 코로 숨을 들이마시면 코털이나 점막이 공기 중에 섞여 있는 먼지나 여러 가지 이물질, 잡균을 걸러낸다. 공기 정화기 역할을 하는 것이다. 입에는 이런 정화기가 없다. 그래서 입으로 숨을 들이마시면 이물질이나 잡균이 폐까지 그대로 들어간다. 몸은 이런 현상에 대비해 면역력을 유지해야 하므로 그만큼 부담이 늘어난다. 우리 몸이 이물질이나 잡균에 저항하지 않으면 비염이나 천식 같은 알레르기성 질환 또는 면역계에 이상 증상이 나타나게 된다.

입 호흡의 문제점은 다음과 같다.

---

① 입으로 호흡하면 외부에서 들어오는 나쁜 유해물질이 걸러지지 않는
다. 꽃가루, 각종 병원균이 걸러지지 않고 몸으로 들어가 관련 질병을
유발할 수 있다. 아울러 백혈병, 류머티즘 같이 몸의 균형이 깨져 생기
는 질환도 유발할 수 있다.

② 숨을 깊이 쉴 수 없어 뇌에 산소를 충분히 전달하기 어렵다. 이로 인해
두통이 나타날 수 있고 집중력 저하, 숙면 방해 등이 초래될 수 있다.

③ 성장기 어린이의 입 호흡은 얼굴형, 성격, 키는 물론 심지어 성적에
도 부정적인 영향을 미칠 수 있다. 입을 계속 벌린 상태로 있기 때문
에 치아의 부정교합이나 주걱턱 등 얼굴 모양에 변화를 초래할 수 있
다. 또 잠을 푹 못 자 성장판이 잘 열리지 않아 키가 크는데 문제가 생
길 수도 있다. 이런 외형적 결함 때문에 성격적 결함이 나타나기도 한
다. 아울러 잦은 콧물, 재채기 등으로 집중력이 떨어져 성적이 부진
할 수도 있다.

④ 성인은 눈에 점액이 많아져 기미와 다크서클 증상이 심해질 수 있다.

⑤ 입을 열고 잠을 자면 진액이 말라 목이 상할 수 있다. 기도가 좁아지

는 현상이 나타나기도 하며, 기도 폐색으로 이어져 공기가 통하지 않을 수도 있다. 또 코를 골거나 이를 갈게 되고 심하면 수면무호흡증이 나타나기도 한다.

반면 코 호흡은 인체에 유익한 역할을 한다. 우선 인체의 면역 체계 작동을 최전방에서 이끌고 코 안에 있는 점막이 공기와 함께 유입되는 각종 세균을 걸러낸다. 코로 호흡하는 것만으로 각종 질병을 예방할 수 있다는 얘기다. 특히 유아기 때 코 호흡은 면역력을 키워주는 역할을 한다. 아기가 생후 6개월이 되면 모체에서 받은 면역력이 없어지는데, 36개월까지의 아기는 평생 사용할 면역력을 기르게 된다. 알레르기 증상이 나타난다면 이때 면역 체계가 잘 갖춰지지 않은 것이라 볼 수 있다. 성장하면서 코 호흡을 통해 세균을 걸러내는 작용을 계속하지 않는다면 면역력 형성이 제대로 되지 않을 수도 있다.

또 코 호흡은 공기 정화와 온도 조절의 역할도 한다. 우리 몸이 원활하게 기능하기 위해서는 촉촉한 습기가 필요하다. 폐는 75~80% 정도의 습도가 필요하나 우리나라는 여름 습도가 60%를 간신히 넘는 수준이다. 코 호흡이 이를 보정해준다. 코 안 점막이 하루 1L 정도의 수분을 방출해 습도를 높여준다. 또한 코는 외부에서 유입된 찬 공기와 더운 공기를 섭씨 30~32도의 온도로 일정하게 조정해줘 안정적인 환경을 만든다.

숨을 들이마실 때 공기는 인두, 기관, 기관지를 단계별로 거치면서 150cc씩 산소를 잃는다. 실제로 폐에 들어가는 산소량은 상대적으로 적다는 얘기다. 호흡을 깊게 하면 폐에 이르는 양이 많아져 우리 몸 곳곳에 산소를 보낼 수 있다. 코로 호흡할 때 깊게 들이마시고 내쉬면 더 긍정적인 효과를 높일 수 있다. 물론 코 막힘이 심할 때는 입으로 호흡할 수밖에 없다. 하지만 가능하면 코로 호흡하는 것이 몸의 부담을 덜어주고 건강에 긍정적 효과를 주는 길이다.

생활 속 코 건강 지키기

① 외출 후 집에 돌아와서는 식염수로 코를 세척한다. 코 내부를 청결하게 유지해주면 각종 질환을 미연에 방지할 수 있다.

② 차가운 음식을 피한다. 코에 관한 질병은 거의 '냉병冷病'으로 볼 수 있다. 차가운 음식은 음식을 소화해 영양소를 흡수하는 위장에 악영향을 준다. 위장 기능 약화는 알레르기 비염의 발병 원인이 될 수 있다.

③ 바른 잠자리 습관을 갖는다. 잘못된 수면습관은 몸을 비뚤게 한다. 이로 인해 얼굴 근육이 늘어지게 되면 코 주변 근육, 턱 근육이 약해진다. 또 옆으로 자거나 엎드려 자면 한 쪽 코가 베개에 압박당할 수 있

는데, 이렇게 되면 콧구멍이 충혈되어 코가 막히고 한 쪽 코에 체중이

가해져 코 호흡이 제대로 이뤄지지 않는다.

● 호흡의 기본은 탁한 기운을 내뿜는 것이다

거의 모든 체조의 마지막은 손목이나 발목 등의 관절을 푼 다음 심호흡을 하고 마무리한다. 심호흡은 '숨을 크게 들이마시고, 내쉬고'의 순서로 진행된다. 그러나 '호흡呼吸'이라고 쓰듯이 사실 호흡은 내쉬는 것이 먼저고 들이마시는 것이 그 다음이다. 실제로 '하' 하고 숨을 내쉰 다음 숨을 들이마셔 보면, 훨씬 깊게 호흡할 수 있고, 훨씬 많은 양의 공기를 들이마실 수 있음을 알 수 있다.

기의 출입이 멈추면 기가 고갈돼 탁해지므로 우선 숨을 내쉬어야 한다. 이 원칙은 아주 중요한 것으로, 모든 호흡법의 기본이 된다. 숨을 내쉼으로써 더러워진 공기가 빠져나가고 깨끗한 기를 받아들일 수 있기 때문이다. 내쉬는 것과 들이마시는 것의 차이가 클수록 드나드는 공기의 양도 많아지며, 그만큼 호흡도 깊어질 수 있다.

다츠무라 오사무도 "확실하게 숨을 내쉴 수 있도록 연습하면 횡격막이나 복근 등의 호흡 근육군이 강하게 수축되며, 이로 인해 흉

부나 복부는 확장하기 쉬운 상태가 돼, 보다 많은 공기를 호흡할 수 있게 된다."고 내쉬는 숨을 강조했다.

또 하나 내쉬는 숨을 연습하는 것의 장점이 있다. 숨을 내쉴 때는 들이마실 때보다 적은 힘으로 많은 호흡 근육이 움직이게 되므로, 숨을 내쉬는 연습을 많이 하는 것이 부담 없이 호흡근을 단련할 수 있는 방법이기도 하다는 것이다.

호흡근(呼吸筋 , Respiratory Muscle)

호흡 운동에 참여하는 근육의 총칭으로서 흡식근과 호식근이 있다. 이들 근육들은 각각의 운동신경에 지배되고 있으나 연수의 호흡 중추에 의하여 협조되고 호흡 리듬에 맞추어 수축한다. 그 협조는 무의식적으로 이루어지나 의식적으로도 조정된다.

안정 시에는 외늑간근 및 횡격막의 작용에 의하여 들이쉬게 되며, 내쉬는 숨은 폐의 탄성에 의하여 타동적으로 행하여지거나 내늑간근의 작용에 의하여 이루어진다.

운동 시와 같이 많은 공기의 환기가 필요할 때에는 아래와 같은 근육들도 호흡에 참여하게 된다.

① 흡식에 작용하는 것: 사각근, 흉쇄유돌근, 소흉근, 대흉근, 늑골거

근, 후상거근

② 호식에 작용하는 것: 복직근, 요장늑근, 방형요근, 하후거근 등

바람직한 이완 호흡법

바람직한 이완 호흡법은 요가의 호흡법에 최면 이완 방법을 결합하여, 누구나 따라하기 쉽게 만든 호흡법이다.

바람직한 이완 호흡을 위한 연습은 들이쉬기, 멈추기, 내쉬기의 세 단계로 구성된다. 우리가 흔히 호흡이라고 알고 있는 내쉬는 숨과 들이마시는 숨 사이에 숨을 멈추는 단계가 하나 더 추가된 것이다. 숨을 들이마신 다음 바로 내쉬지 않고 잠시 멈춘다. 처음에는 짧게 몇 초 정도 멈추는 숨을 실행한다. 특히 공기 흡수의 효율성을 높이려면 들이마시는 숨, 멈추는 숨, 내쉬는 숨의 시간적 비율을 조절해야 한다. 오래 연습하여 점차 숨을 길게 멈출 수 있게 하는 것이 좋다.

숨을 들이마신 후 멈추면 자연스럽게 배로 힘이 모이면서 집중력이 높아진다. 요가에서는 이러한 멈추는 호흡(止息)을 쿰바카Kumb-haka라고 부른다. 쿰바카는 들이쉬는 숨을 쉬고 멈추는 안따르 쿰바

타^{Antar Kumbhaka}와 충분히 폐를 비울 정도로 숨을 내쉬고 멈추는 바히야 쿰바카^{Bāhya kumbhaka}가 있다. 쿰바카는 단순히 숨을 멈추는 것이 아니라, '호흡'을 의식이 집중하는 곳으로 순환시키는 의미가 있다. 그러면 마음이 고요해져, 집중력이 높아지게 된다.

요가의 호흡은 들이쉬는 숨(뿌라카, Pūraka), 멈추는 숨(안따르 쿰바타, Antar Kumbhaka), 내쉬는 숨(레짜카, Recaka), 비우는 숨(바히야 쿰바카, Bāhya kumbhaka)으로 구성된다. 멈추는 숨과 비우는 숨은 모두 표면적으로는 숨을 멈추는 과정이기에, 전체적인 호흡 비율에 있어 숨을 멈추고 의식을 순환시키는 과정을 중시함을 알 수 있다. 그렇기에 전통적인 요가의 선인들은 인체의 생리적·심리적 기능이 최고조로 작용하기 위해서 점차적으로 멈추는 숨을 늘려나가는 연습을 강조한다.

바람직한 이완 호흡법은 깊은 호흡을 하면서 신체적·정서적으로 편안한 이완 상태가 되는 것을 의미한다. 이를 위해 호흡을 잘 관찰하고 폐의 전체에 공기가 퍼지는 느낌으로 호흡을 연습해야 한다. 또한 폐와 횡격막을 포함한 모든 호흡 관련 근육을 전부를 최대한으로 사용하여 호흡한다. 처음부터 완전하게 하기는 쉽지 않다. 하지만 꾸준히 연습한다면 누구나 익숙해질 수 있다.

등을 펴고 바르게 앉고, 손은 가볍게 다리 위에 올려놓는다. 머금고 있던 숨은 모두 입으로 내쉬어 복부가 움푹 들어간 상태를 만들도록 한다. 복부가 움푹한 상태에서 이제 아랫배가 점차 불룩해지도록 코로 힘껏 숨을 들이마신다.

이때 횡격막이 내려간다. 처음에는 위 주변이 불룩해지지만 익숙해지면 아랫배부터 불룩해지도록 숨을 들이마시게 된다.

가슴(늑골 아래 부분)이 좌우로 쭉 펴지는 느낌으로 계속해서 숨을 들이마신다. 다음에 가슴(늑골 중앙 부분)을 앞뒤로 늘이는 느낌으로 숨을 계

속 들이마신다. 그 다음 가슴을 들어 올리는 느낌으로(늑골을 들어 올리는 느낌으로) 숨을 들이마신다.

이때 쇄골 바로 아래까지 공기가 가득 차도록 숨을 들이 마신다는 느낌으로 최대한 들이마신다. 이렇게 하면 폐 전체가 공기로 가득 채워진다.

이때 깨끗한 신선한 공기가 내 몸 안을 가득 채우게 돼 몸 속 구석구석이 정화되고 있다고 상상한다. 배 안쪽에 커다란 풍선이 있어 숨을 들이마실 때 그 풍선이 점차 커진다고 생각하면 된다. 풍선의 모양은 몸의 형태에 따라 커져간다.

멈추기

일단 들이마신 공기를 입을 살짝 벌려 조금씩 밖으로 내보내 가슴의 긴장을 풀기 시작한다. 내보내는 숨의 양은 가슴에 긴장이 남지 않을 정도로 하는 것이 좋다. 들이마신 숨의 10~15%가 적당하다. 이때 횡격막이 내려가면서 복부가 약간 부푼다. 이 상태에서 항문을 조이고 숨을 배의 압력으로 밖으로 빠져 나가지 못하도록 밀어놓고 멈춘다.

10%

이 단계에선 숨이 멈춰 있는 동안 들이마신 깨끗한 공기가 전신으로 퍼질 준비를 하는 동시에, 몸 안에 있던 기존 탁한 공기가 몸 밖으로 빠져나갈 준비를 하며 서로 위치를 바꾼다고 상상한다. 동시에 마음속으로 태양신경총(太陽神經叢)이 따뜻하다고 상상한다.

태양신경총은 명치 바로 안쪽에 위치하는 형태는 없는 무형의 기관이다. 이것은 자율신경의 집합체로 태양이 방사광을 비치는 모습과 유사하다고 하여 이름이 붙여졌다고 한다. 한의학에서는 이를 '원기의 근원'이 되는 자리로 생각한다.

내쉬기

'후' 하는 소리와 함께 숨을 멈추고 있던 힘을 천천히 이완시킨다. 이때 공기가 단숨에 빠져나가지 않도록 주의한다. 같은 양의 공기가 일정한 페이스로 빠져나가도록 조절하면서 숨을 내쉰다. 어느 정도 내쉬면 저절로 빠져나가기 어려운 상태에 이르게 되는데, 이때 의식적으로 공기를 전부 밖으로 내보내도록 길게 내쉬어야 한다. 80~90% 정도 내쉬었을 때 배에 주었던 힘을 풀고 등을 똑바로 하면 저절로 숨을 들이마시게 된다.

공기가 빠져나가면서 몸속에 쌓여 있던 독소와 긴장 등 모든 스트레스가 같이 빠져나간다고 상상한다.

'들이쉬기 – 멈추기 – 내쉬기'를 반복하면서, 내 몸의 모든 노폐물이 빠져

나가고 동시에 몸도 이완된다고 상상한다.

먼저 머리의 힘이 빠지고, 목의 힘도 빠진다고 상상한다. ⑤

어깨의 힘이 빠지고, 두 팔의 힘이 빠지고, 두 팔꿈치, 두 손목, 열 개 손

가락의 힘이 빠져나가 이완된다고 상상한다. ④

그 다음 가슴의 힘도 빠져나가고 배의 힘, 아랫배의 힘이 완전히 빠져나

간다고 상상한다. ③

이제는 등의 힘도, 허리의 힘도, 엉덩이의 힘도 빠져나간다고 상상한다. ②

두 무릎의 힘도, 두 종아리, 두 발목의 힘, 두 발바닥, 열 개 발가락의 힘이 빠져나가 온 몸이 이완됨을 상상한다. ①

다섯 번의 호흡을 진행하면서 몸 전체를 이완시키도록 한다. 머릿속으로 숫자를 ⑤, ④, ③, ②, ①의 순으로 세며 각 부위에 해당하는 신체 부위가 충분히 이완됨을 상상하자.

초심자가 특히 어려움을 겪는 부분은 호흡 과정 중 몸을 이완하는 상상이다. 이때 "나는 비록 ○○이 안 되지만 이를 마음속 깊게 받아들이고, 편안하게 상상하고 이완된 호흡을 할 것을 선택합니다"라는 확언으로 EFT를 한 뒤 다시금 호흡을 연습해보면 쉽게 되는 경우가 많다.

몸 안의 독소 내보내기
- 737 절식

몸의 휴식, 위장부터 비워라

한국인이라면 수천 번은 들어봤음직한 말 두 가지. 하나는 "식사하셨어요?"로 상대방의 끼니를 챙기는 인사다. 보릿고개와 전쟁을 겪으면서 잘 먹는 것이 절실했던 시절 얘기다. 이제 시대가 바뀌었다. 잘 먹는 것이 단순히 양을 의미하지 않는다. 말 그대로 올바른 식습관을 갖고 넘치지 않게 자신에게 필요한 영양소를 섭취하는 것이 '잘 먹는다'의 현대적 해석이다.

"여기 음식 좀 빨리 주세요"가 나머지 하나다. 과거에도, 현재에도, 아마 미래에도 한국에 있는 어느 식당에서나 흔히 들을 수 있을 얘기다. 메뉴판을 내려놓기 무섭게 외치는 말이 "빨리 빨리"요, 때론 아예 메뉴판을 들면서 "가장 빠른 음식이 무엇인가요?"라고 묻기까지 한다. 긍정적 면도 있다. '빨리 빨리' 근성이 한강의 기적을 이뤄낸 원동력이라는 것은 누구도 부정할 수 없는 사실이다. 하지만 이같은 오랜 습관이 우리의 위장에겐 저주를 가져왔다.

한국인의 남성 암 환자 4명 중 1명, 여성 암 환자 7명 중 1명은 위암이라는 통계가 보여주듯 우리의 위장 문제는 심각하다.

● 중초 – 쉼 없이 에너지를 만들어내는 장소

이제 한의학 이야기로 돌아가보자. 한의학은 우리의 몸을 삼초三焦로 나눈다. 다소 생소한 이름인 '삼초'는 우리 몸의 오장육부五臟六腑, 그 중에서도 육부 중 하나로 기능적인 면만 갖고 명칭을 붙인 부분이다.

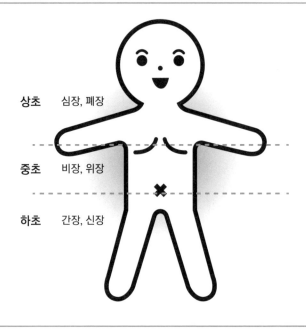

상초	심장, 폐장
중초	비장, 위장
하초	간장, 신장

삼초는 상초上焦, 중초中焦, 하초下焦의 세 부분으로 나뉘는데, 인체의 소통 상태를 주관하는 부분이라 생각하면 된다. 만약 상초, 중초, 하초가 서로 소통이 원활치 못하면 인체 생리 기능에 이상이 나타난다.

상초는 심장心臟과 폐장肺臟이 자리 잡고 있는 흉곽 위쪽 부분을 지칭하며 심과 폐의 기능과 관련 있다. 호흡을 통한 기순환과 혈액순환에 중요한 역할을 한다. 중초는 비脾와 위胃가 있는 복부를 지칭하며 음식물을 받아들여 내 몸에서 사용할 수 있는 에너지로 바꾸고 그 에너지를 온 몸으로 수송하며 남은 찌꺼기를 몸 밖으로 빼내는 역할을 한다. 마지막으로 하초는 신장腎臟과 간장肝臟이 있는 아랫배, 허리, 하지부 등을 지칭하며 간과 신의 기능과 관련된 생식, 비뇨의 작용과 관련 있다. 해부학적으로 간은 중초의 위치에 있지만 한의학에서는 생리 기능상 하초에 위치한 것으로 본다.

중초에 위치한 비장脾臟과 위장胃臟에 대해서 조금 더 알아보자. 흔히들 뭔가 좋지 않은 것을 보거나 먹고 속이 좋지 않아지는 것을 두고 '비위가 상한다'라는 말을 쓰곤 한다. 여기서 말하는 비위가 바로 중초의 비와 위를 지칭한다. 비위는 후천지본後天之本이라고 하는데, 사람이 태어난 이후에 몸에서 사용하는 에너지의 대부분을 만든다. 반대로 하초의 신腎은 선천지본先天之本이라고 하는데 날 때부터 부모님이 물려준 기운을 저장하고 있는 장기로, 쉽게 말하면 우리 몸의 밑천이라 할 수 있다.

우리는 신장에 저장돼 있는 기운을 밑천으로 음식을 소화시킬 수 있는 에너지를 만들어내고, 그 에너지를 바탕으로 비위에서 음식을 소화시켜 몸을 움직일 에너지를 얻는다. 이것이 인체 생리 활동의 기본이다. 만약 우리가 밥을 먹지 않으면 어떻게 될까? 서서히 힘이 없어지고, 자꾸 눕게 되고, 무기력해질 것이다. 그런데 밥을 먹어도 힘이 없고 무기력한 사람이 있다. 이것은 밥을 먹어도 내 몸은 먹은 것을 느끼지 못한다는 뜻이다.

다시 말하면 밥을 먹고도 소화를 제대로 못해 내 것으로 만들지 못하는 것이다. 중초의 기운이 부족하면 일어나는 증상이다. 반대로 밥을 많이 먹으면 어떻게 될까? 당연히 살이 찐다. 그런데 많이 먹어도 살이 안 찌는 사람이 있고, 물만 먹어도 살이 찌는 사람도 있다. 비위의 기능 상태가 사람마다 다르기 때문이다.

● 중초에도 진정한 휴식이 필요하다

문제는 요즘 현대인들의 많이, 급하게 먹는 식습관이 이런 중초의 기능을 쉽게 망가뜨린다. 자신의 중초 기능을 진단해볼 수 있는 가장 간단한 방법은 자신의 손발을 체크하는 것이다. 비위가 안 좋은 사람의 손발은 무척 차다. 비위는 에너지를 만들어서 온몸으로 그 에너지를 보내주는 역할을 한다.

비위가 약해지면 손발까지 갈 기운이 없어지기 때문에 손발이 차가워지는 것이다. 더 큰 문제는 우리 몸의 기운은 몸의 가운데에서 전신으로 퍼지도록 되어 있는데, 몸에서 가장 먼 손발뿐 아니라 머리까지도 기운이 전달되지 않을 수도 있다는 것이다. 즉, 두뇌의 활동에도 악영향을 미칠 수 있다.

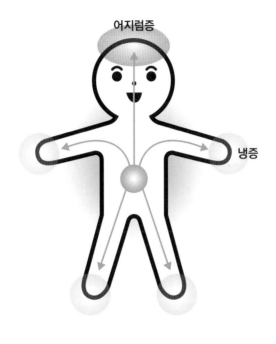

어지럼증

냉증

증상이 머리까지 가면 자리에서 일어날 때 일과성으로 어지러움 증이 나타나기도 하는데, 이를 '기립성(일과성) 현훈' 또는 '기립성(일 과성) 저혈압'이라고 한다. 특별히 몸에 이상이 있는 것은 아니지만 한의학적으로 중초의 기운이 떨어졌을 때 쉽게 일어나는 하나의 신 호라고 생각하면 된다. 최근 많은 여성들이 손발이 차고, 변비와 생 리통이 심해 고생한다. 80%는 밥을 잘 안 먹거나 소화 상태가 좋지 않은 경우가 많다.

중초에 있는 장부들은 주로 속이 비어 있고, 아래로 내려 보내는 작용, 혹은 몸 밖으로 버리는 작용을 한다. 입부터 식도, 위, 소장, 대장도 그렇다. 몸에 필요없는 물을 밖으로 버리는 방광이나 한 달에 한번 피를 내보내는 자궁도 속이 비어 있다. 중초는 외부의 물질을 받아들이는 것부터 몸 밖으로 배출하기까지의 기능 활동을 담당하는 곳이다. 따라서 중초의 기운이 원활하지 않으면 이런 부분에 병이 오기 쉽다. 즉, 중초의 기운이 부족해지면 소화불량, 피로, 식곤증, 몸살, 수족냉증, 변비, 생리통 등의 증상이 나타난다.

중초의 기운 부족을 회복하는 방법에는 어떤 것들이 있을까. 그 답에는 여러 가지가 있겠지만, 그 가운데 가장 쉽고 효과적인 방법은 중초의 장기인 비위장 계통을 휴식시켜주는 것이다.

현대의 우리 몸은 넘쳐나는 영양분을 에너지로 바꾸느라 한시도 쉴 틈 없이 혹사당하고 있다. 따라서 몸의 움직임을 줄이고, 누워서 쉬는 것만이 휴식이 아니라 힘들게 혹사당하는 상황을 제거해주는 것이 몸을 위한 진정한 휴식이다. 십장생十長生에 나오는 동물들의 위와 소장은 거의 비어 있다. 또 한의학의 원전인 《황제내경·소문》에는 "소화기계인 육부六腑는 비어 있어야 건강한 장기"라고 말한다. 건강하게 살기 위해서는 장기가 비어 있어야 한다. 그렇기에 위, 소장, 대장, 방광 등을 비워 놓을 시간을 주는 절식은 소화기계의 완전한 휴식을 목표로 한다. 절식은 건강을 위협하는 여러 가지 질환 치료를 위한 수단으로도 활용되는데, 고혈압, 고지혈증, 부종, 음식 관련 알레르기, 각종 소화기계 질환, 만성피로, 코골이 등에도 그 효과가 높다. 무조건적인 절식은 고생한 만큼 효과를 기대하기도 어렵고, 오히려 몸의 균형을 깨뜨릴 수도 있다. 절식에도 지켜야 하는 원칙이라는 것이 있다. '737 절식'이라는 제대로 된 절식 방법에 주목해보자.

우리의 몸은 3일간 절식하면 호르몬을 비롯한 모든 신체 기능이 리셋된다. 그렇기에 3일의 절식을 효과적으로 하기 위해 만든 절식 프로그램이 바로 737 절식 프로그램이다.

737 절식이란

최근 간헐적 단식이 유행이다. 간헐적 단식이란 평상시에는 평소대로 먹다가 1회에 16~24시간 동안 먹는 것을 중단하고 배고픈 상태를 지속하는 것을 일주일에 1~2회 이상 반복하는 것을 말한다. 이때 물이나 열량이 낮은 원두커피는 단식기간 동안 섭취가 가능하다. 간헐적 단식 전문가들은 간헐적 단식을 하면 몸의 IGF-1이 떨어지면서 노화, 당뇨, 암 등의 발생을 줄일 수 있고 열량 섭취가 줄기 때문에 건강에도 도움된다고 주장한다.

IGF-1은 인슐린 유사 성장인자로 잘 알려져 있는데, 여러 장기에 있는 세포를 성장시킴과 동시에 노화 및 암세포의 성장 또한 촉진하는 양면성을 갖고 있는 물질이다. 그러나 간헐적 단식이 호응받는 가장 중요한 이유는 단식기간을 제외하고는 평소처럼 먹고 싶은 음식을 참지 않고 맘껏 먹어도 된다는 점 때문인 것 같다.

문제는 이런 간헐적 단식의 연구는 몇몇 동물실험을 통해 오래 전부터 알려져 있었지만 지금까지 발표된 연구 결과 가운데 사람을 대상으로 한 비교 실험은 없었다는 데 있다. 조금만 더 생각하면 여러 문제점들이 발생한다. 일반적으로 사람의 몸은 공복일 때에는 식욕을 늘리는 호르몬을 증가시킨다. 반대로 음식을 섭취하게 되면 식욕을 줄이는 호르몬 농도가 높아지기 마련이다. 하지만 너무 짧은 시간에 공복과 포만의 사이를 오가는 간헐적 단식은 이 두 호르몬 사이의 균형을 깨뜨린다. 이는 폭식으로도 이어질 수 있다. 또한 식사를 자주 건너뛰거나 불규칙적으로 하면 위산이나 소화액의 분비 장애로 인한 속쓰림, 복통 등의 위장장애 발생율도 높아진다.

인체의 생리는 단순하지 않다. 우리의 몸은 변화된 식습관에 어느 정도 익숙해질 수 있는 시간이 필요하다. 다시 회복할 최소한의 시간도 필요하다. 그런 충분한 시간을 주면서 절식하는 것이 몸을 망치지 않고 절식 효과를 제대로 낼 수 있는 올바른 방법이다. 그렇게 우리 몸의 생리에 맞춘 절식법이 바로 '737 절식법'이다. 간단히 말하면 7일의 감식기, 3일의 절식기, 7일의 회복기를 거치는 절식법이다.

---

737 절식 프로그램 매뉴얼

● 감식기(7일)

- 감식기 첫날부터 음식량을 평소의 50% 이하로 줄인다.

- 식사는 흰쌀밥보다 현미밥이 좋다.

- 반찬은 채식 위주의 식단으로 하고, 육류는 피하는 것이 좋다.

- 절식을 시작하기 2일 전부터는 흰죽이나 미음으로 하루 세끼 식사를 한다. 이때 김치 같은 반찬은 물로 씻어 양념을 제거해 먹는다.

- 과일은 감식기 내내 계속 먹어도 된다.

- 장내세균총을 회복하기 위해서 유산균을 복용한다.

* 감식기에 지켜야 할 사항

- 저염식으로 식사한다.

- 햄, 소시지 및 깡통제품 같은 가공식품은 피한다.

- 커피나 녹차 등의 카페인이나 콜라와 같은 탄산음료는 피한다.

- 매일 30분 이상의 규칙적인 운동을 시작한다.

- 배고픔은 물론이고 가벼운 두통, 어지러움 등의 증상도 나타날 수 있다.
  일상생활이 불편할 정도로 증상이 심하면 담당의에게 상담을 받는다.

- 감식기가 길수록 절식기가 쉽다. 가능한 감식기는 7일 이상 유지하
  는 것이 좋다.

● 절식기(3일)

- 최대한 공복감을 느끼지 않는 것이 중요하다. 그러기 위해 물에 희석
  한 건더기 없는 생과일주스(혹은 물로 희석한 꿀물)를 수시로 마신다.

- 물은 자주 마신다. 생수를 마시는 것이 좋다.

- 잠은 하루 8시간 이상 충분히 잔다.

- 매일 일정시간 적당한 운동을 하는 습관을 기른다.

- 유산균을 복용한다.

* 절식기에 지켜야 할 사항

- 항상 몸을 따뜻하게 유지한다.

- 커피나 녹차 등의 카페인이나 콜라 같은 탄산음료는 피한다.
- 따뜻한 차를 마시고 싶으면 옥수수차, 보리차, 둥글레차 등을 마신다.
- 몸에 무리가 가지 않는다면 절식기간을 늘려도 좋다.
- 감기에 걸리면 절식을 중단하고, 바로 회복기에 들어간다.

● 회복기(7일)

- 회복기 첫 식사는 흰죽이나 미음으로 시작한다. 수분이 많은 과일을 먹기 시작한다.
- 최소 2일간은 흰죽, 미음 등 유동식, 모든 종류의 과일, 드레싱이 없는 샐러드를 먹는다. 몸이 힘들지 않다면 이런 식사를 최대한 길게 유지하는 것이 좋다.
- 3일째부터 밥을 먹어도 된다. 단, 현미밥으로 시작하며 50회 이상의 다작과 철저한 무염식을 한다.
- 4일째부터 계란, 닭가슴살, 소금간을 안 한 생선 등 동물성단백질을 먹어도 된다. 우유와 치즈 같은 유제품도 가능하다.
- 5일째부터 설렁탕 같은 탕 종류도 가능하다. 단, 소금간은 하지 말고 가능한 후추, 마늘, 파만 넣고 먹는다.
- 회복기 7일간 김치는 물로 양념을 씻어 내고 먹는 것이 좋다.
- 유산균은 계속 복용하는 것이 좋다.

- 회복기 식사의 3대 원칙은 많이 씹고, 적게 먹고, 염분은 피하는 것
  이다. 특히, 소금이 들어 있는 음식은 몸을 퉁퉁 붓게 하므로 피하는
  것이 좋다.

- 쌀떡, 김밥 등은 일반 쌀 음식에 비해 소화가 어렵기 때문에 회복기
  에는 피한다.

- 베이컨, 햄, 소시지 등 가공식품에는 많은 염분을 함유하고 있다. 몸
  이 붓기도 하고, 체중이 갑자기 늘 수 있기 때문에 피한다.

- 치킨, 삼겹살, 튀김 등의 기름진 음식은 피한다.

- 수분이 많은 과일(수박, 배, 사과, 포도, 귤, 오렌지 등)을 자주 먹는다.

- 커피나 녹차 등의 카페인이나 콜라 같은 탄산음료는 피한다.

- 회복기는 반드시 7일 이상 유지하는 것이 좋다.

737 절식의 중요 원칙

건강한 절식법인 737 절식법을 잘 실천하기 위해서는 몇 가지 원
칙이 있다. 공복감을 없애기 위해서는 어떤 음식물을 섭취해야 하
고, 더 건강한 실천을 위해서는 어떤 운동을 해야 하는지 등등, 건

강한 절식법을 위한 노하우를 알아보자.

● 공복감 없이 소화기관에게 완벽한 휴식을

가장 힘든 것은 당연히 공복감이다. 공복감 제거를 위해 건더기가 없는 음식물을 섭취하자. 건더기가 없어야 위벽세포에 자극을 주지 않는다. 또한 절식기간에 공복감을 줄여 절식을 계속 진행할 수 있는 효과적인 방법은 뇌가 쓰는 고급 에너지인 당분을 공급해주는 것이다. 이때는 몸 전체가 쓰는 칼로리의 20% 정도를 공급한다. 하루에 총 3,000Kcal를 소모하는 사람이라면, 20%에 해당하는 600Kcal는 공급되어야 뇌 활동에 지장을 받지 않는다.

절식을 하더라도 위에 부담을 주지 않는 방법으로 하루 500~600Kcal의 고급 당분을 지속적으로 공급해준다면, 뇌는 굶주리고 있다는 인식을 못한다. 부족한 칼로리는 지방을 태우는 대사를 통해 계속 보충한다. 결국 체중이 계속 빠질 수 있는 한, 지방이 계속 줄어들 수 있는 한, 에너지가 넘친다. 참고로 지방 500g이 몸에서 연소되려면 무려 4,000Kcal 정도가 나온다. 격한 운동을 해도 충분한 칼로리이다.

만일 배고픔을 이기지 못하고 절식기간 중 살짝 음식을 먹는다면 오히려 부작용이 생길 수 있다. 생식, 선식류, 과일 등 어떤 형태가 되든지 건더기, 덩어리가 들어가는 순간, 몸은 무거워지고 배고파지고 체중은 변화가 없어진다. 심지어 복통이 생기기도 한다.

이는 고형식이 들어감으로 인해 위액 분비가 증가되어 나타나는 증상으로 보인다. 어떤 이는 위장병을 이유로 절식을 피하곤 한다. 그러나 위산과다, 위궤양, 위산식도역류, 위하수 등을 치료하기 위해서라면 일부러라도 절식하는 것이 좋다. 이런 위장관류의 병은 위가 푹 쉴 수 있는 시간을 주는 것이 가장 좋은 치료법이기 때문이다.

● 공복감은 없애면서 위에 부담도 없는 최고의 음식은?

1~2일간의 짧은 절식에도 많은 사람들이 힘들어한다. 앞서 말했듯이 적절한 당분을 뇌에 제공하면 공복감을 이겨낼 수 있다. 그렇다면 이에 어울리는 음식은 어떤 것이 있을까. 쉽게 한약을 들 수 있다. 대추, 산약, 구기자, 의이인 등으로 구성된 한약은 자체 칼로리가 높아 충분한 열량을 제공한다. 그러나 한약 자체도 소화 과정을 거치기 때문에 장기가 완벽하게 쉰다고 볼 수는 없다. 하지만 효과 면에서는 좋고 건강한 절식도 도와준다. 더 나아가 회복기에 환자 몸에 맞춰 처방받아 복용하면 더욱 건강한 신체를 만들 수 있다.

음식물로는 꿀물이나 생과일주스 등이 좋으나 칼로리가 높다는 단점이 있기 때문에 물로 희석해 복용하는 것이 좋다. 물과 주스(꿀물)를 3:1로 희석하면 적당하다. 이때 생과일주스는 건더기가 없는 순수한 액체 성분이어야 한다. 건더기는 따로 소화 과정을 거쳐야 하기 때문에 위가 충분한 휴식을 취할 수 없다.

● 감식기와 회복기에는 무염식에 가까운 음식을

수분을 조절해야 몸을 가볍게 만들 수 있다. 수분을 몸에서 빼내기 위해서 감식기 때에는 저염식을, 회복기 때에는 무염식을 해야 한다. 수분 조절이 안 되면 우리 몸은 쉽게 붓는다. 수분대사 조절의 관건은 '소금'이다. 라면이나 김치찌개 등 짠 음식을 배부르게 먹기 시작하면 아침에 퉁퉁 붓는 것은 물론, 순식간에 몸도 무거워진다.

일부 단식원에서는 단식을 끝내자마자 사람들에게 소화 기능을 회복시킨다는 명목으로 동치미 국물을 먹인다고 한다. 안 될 일이다. 절식이 끝난 후에 반드시 염분을 제한해야 붓기가 안 생긴다. 특히 나이가 있거나 수분대사능력이 떨어진다면 더 주의해야 한다.

그래서 회복기에 식사를 할 때 중요한 것이 바로 무염식이다. 짠 밑반찬보다는 신선한 상추, 오이, 토마토 같은 채소 종류가 좋다. 만일 샐러드를 먹으려면 드레싱 없이 그대로 먹는 것이 좋다.

시중에 판매되는 음식들에는 소금이 많이 들어간다. 김치와 된장은 소금 이외에도 많은 미네랄이 포함되어 있지만, 간혹 소금에 예민한 사람들은 붓는 경우도 있다. 회복식이 다 끝난 후에 먹는 것이 좋다.

● 절식기 때 운동을 병행하는 것이 좋다

절식기에는 적절한 운동은 물론이고 사우나 또는 찜질방을 이용하는 것도 좋다. 절식기 때 체성분 분석을 해보면, 2주 절식기간 중 첫 주는 붓기가 많이 빠져 나가면서 근골격량이 줄어드는 것이 확인된다. 당연히 기초대사량도 떨어진다. 중요한 것은 절식기 동안 단백질 섭취가 제한되다 보니 몸에서 아미노산을 얻기 위해 늙은 세포, 병든 조직, 염증세포, 심지어는 암세포 덩어리까지 파괴한다는 점이다. 절식의 본래 목적은 바로 여기에 있다. 청소 과정, 즉 진정한 해독Detoxifiction 과정이다.

단백질은 우리 몸의 세포조직을 구성하는 중요 영양소다. 따라서 단백질 섭취가 제한되면 당연히 육안의 변화도 볼 수 있다. 다이

150

어트를 이유로 평소보다 식사량을 줄이면 단백질 섭취량도 줄어든다. 그 결과 살과 함께 피부 탄력도 떨어진다. 살은 빠지지만 노화로 인해 얼굴에 주름이 생기기도 한다. 이런 부작용(?) 예방을 목적으로 다이어트 중 단백질보충제를 복용하는 사람들도 많고, 심지어는 전문가가 먼저 나서 권하기도 한다.

절식이나 식사량이 줄면 단백질 섭취가 제한된다. 때문에 그 부족함을 채우기 위해 우리 몸은 어떤 방법을 써서라도 단백질을 보충하려 노력한다. 이때 우선적으로 건강한 근육단백이나 세포조직에서 끄집어 쓰는 것이 아니라 비정상적이고, 쓸모없는 폐기물 덩어리를 몸에서 재활용하게 되는 것이 먼저다.

절식기 동안 줄어든 근육량은 걱정할 필요가 없다. 회복기 때 90% 이상 돌아오고, 한 달 내에는 처음 시작했던 그 이상의 근육량으로 회복된다. 그것도 건강하고 새로운 근육조직이다. 회복기에 식사를 시작하면 건강한 근육세포는 늘어나고, 지방은 계속해서 빠지는 대역전 현상이 일어난다.

정리해보면 절식기에 근육이 손실되지만 이는 늙고 병든 세포가 파괴되는 것이고, 오히려 회복기에 들어서면 새롭고 건강한 세포가 자라나기 시작한다. 더 나아가 새롭고 건강한 세포를 더 많이 만나기 위해서는 운동을 병행하는 것이 필요하다는 점을 잊지 말아야 한다.

● 절식기 동안 유산균 섭취는 필수

우리는 매일 음식물을 섭취하고, 그 음식물을 소화시켜 영양소를 얻는다. 입으로 들어간 음식물은 침과 섞여 위장으로 가고, 다시 소장과 대장을 거쳐 항문을 통해 배설된다. 소장은 주로 소화와 영양소 흡수 기능을 담당하고, 대장은 인체에 필요한 수분을 흡수해 찌꺼기들을 대변으로 만들어 몸 밖으로 배출하는 일을 맡는다.

장에서는 이보다 더 중요한 일이 이뤄진다. 우리 몸 면역체계의 70%가 장에서 소관되는데, 소장에는 인체의 최대 면역 조직인 림프 조직이 모여 있다. 대장에는 면역 정보를 교환하는 점막 네트워크가 형성돼 있어 인체로 침입한 항원을 기억하고 항체를 생성해 침입자로부터 몸을 보호하는 면역 기능의 중추 역할을 맡는다.

또 사람 몸에 존재하는 전체 세로토닌의 약 80%가 소화관 내에 존재한다. 세로토닌은 기분을 조절할 뿐 아니라 식욕, 수면, 근 수축과 관련한 기능에 관여한다. 또한 사고 기능과 관련해 기억력, 학습능력 등에 영향을 미치며, 혈소판에 저장돼 지혈과 혈액응고 반응에도 관여한다. 무엇보다도 행복의 감정을 느끼게 해주는 분자로

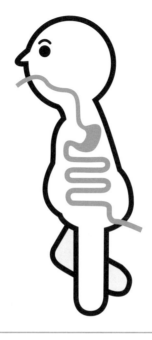

호르몬이 아님에도 불구하고 행복 호르몬Happiness Hormone이라 불리기도 한다.

세로토닌이 모자라면 우울증, 불안증 등이 생긴다. 또한 식욕 및 음식물 선택에 있어서 중요한 조절자로 작용하는데, 특히 탄수화물 섭취와 가장 관련 있는 것으로 알려져 있다. 국소적으로 세로토닌이 증가하면 식욕이 떨어지고, 감소할 경우에는 반대 현상이 나타난다. 즉, 세로토닌의 감소는 비만으로 직결된다. 입에서 항문까지의 소화기관은 우리 몸에 있지만 실상은 외부와 통하는 터널이라고 생각하면 된다.

따라서 이곳에는 여러 종류의 세균이 살 수밖에 없다. 입 안에도 많은 세균이 있지만 위장, 소장, 대장, 직장에는 더 많은 세균이 존재한다. 이 중 대장에는 g당 1,000억 마리의 장내세균이 살고 있다. 장세균은 유익균과 유해균으로 나눌 수 있다. 장세균의 85%는 유익균이고, 15% 정도는 유해균이다. 이 유해균은 여러 가지 독소(인돌, 암모니아, 페놀, 스카톨, 아민)를 만들어내 염증을 발생시키고, 심지어 암을 유발하기도 한다. 그리고 각종 가스(수소, 탄산, 메탄, 황화수소 등)도 생성하는데, 이런 가스는 영양소 손실뿐 아니라 세포와 조직을 통과하면서 자극해 장에 통증을 일으키고 세포 노화 및 염증, 더 나아가 암의 원인이 되기도 한다.

그러나 다행히도 이런 독소와 가스를 제거하는 역할을 하는 좋은 균도 우리 몸에 함께 존재한다. 바로 장내유익균(프로바이오틱스, Probiotics)이다. 대표적인 것이 유산균으로, 유산균은 장 안의 독소를 제거하고 비타민을 합성해 영양소를 보충한다. 또 면역 기능을 강화해 질병에 대한 저항성을 키워주는 고마운 세균이다.

자연분만된 신생아의 경우 산모의 산도에 있는 유산균이 아기의 입을 통해 무균 상태인 아기의 장으로 내려가게 되는 데는 불과 4시간이 소요된다. 즉, 출생 4시간 후부터 사람의 몸에서는 세균이 살기 시작하는 것이다. 그 후 모유를 먹으면서 유익균은 자연스럽게 1,000억 마리까지 증가한다. 그러나 나이가 들어갈수록 독소를 생성하는 유해균은 점차 증가하고 몸에 이로운 유산균은 감소하게 된다.

대표적 유익균인 비피도박테리움Bifidobacterium은 1,000억 마리에서 꾸준히 감소해 노년기에는 100억 마리까지 현저한 수치로 떨어진다. 또한 고단백·고지방식 섭취, 항생제 복용, 스트레스, 운동 부족, 과음 등의 생활 환경은 장내유산균을 급격히 감소시키고 유해균의 증가를 가져와 장내균총을 악화시킨다. 이렇게 생활 환경으로 무너진 장내균총을 회복하기 위해서는 737절식을 통해 위장관에 휴식을 주고 부족한 유산균을 채워주는 것이 좋다.

장내 유익균(프로바이오틱스, Probiotics)

러시아 과학자 메치니코프Elie Mechinikoff가 불가리아 사람들의 장수 이유를 '락토바실리우스Lactobacillus로 발효된 발효유의 섭취' 때문이라는 것을 밝혀내 노벨상을 받은 이래 유산균, 프로바이오틱스Probiotics의 기능성은 오랫동안 연구되고 있다. 세계보건기구WHO에서는 프로바이오틱스를 '충분한 양을 섭취했을 때 건강에 도움되는 살아 있는 균'으로 정의하고 있다. 현재까지 알려진 대부분의 프로바이오틱스는 유산균들이며 일부 바실리우스Bacillus 등을 포함하고 있다.

프로바이오틱스를 대표하는 유산균은 유산(乳酸)을 대사산물로 많이 생성하는 미생물의 총칭으로 BC3000년쯤부터 인류가 의식적 또는 무의식적으로 섭취·활용해 왔다. 유산균은 유산을 분비하여 장관 내 pH를 낮춰 유해균을 억제함으로써 질병을 예방할 뿐 아니라 분비된 유산이 장운동을 증가시켜 변비 증세가 완화되도록 도와준다.

사람의 장관에는 100종류의 100조 개의 장내세균이 서식하고 있다. 그무게만 따져도 약 1kg에 이른다. 이 세균 중에는 음식물의 소화와 흡수를 돕고 감염을 방지하여 건강을 유지하는 유익한 미생물도 있고 또 각종 질병을 야기하는 미생물도 상재한다. 사람마다 장내균총에는 차이가있을 수 있다. 모유를 먹는 건강한 아기는 분변 균 중 90% 이상이 비피도박테리움Bifidobacterium으로 이뤄져 있으나, 나이가 들면서 점차 비피도박테리움은 감소하고 장내유해균이 증가한다. 이러한 정상적인 노화과정에서 장내균총의 분포를 건강한 상태로 유지하도록 도와주는 것이바로 프로바이오틱스의 기능이다.

장에 프로바이오틱스가 도달해 유익한 유산균 증식, 유해균 억제, 원활한 배변 활동 지원 등의 기능을 하려면 하루에 살아 있는 균 50~200억마리를 섭취해야 한다고 보고된다. 다만 이는 건강기능식품 공전에서 정하는 프로바이오틱스에 해당하며, 새롭게 개발되는 균주는 섭취량이 달라질 수 있다.

유산균을 비롯한 세균들이 프로바이오틱스로 인정받기 위해서는 위산과 담즙산에서 살아남아 소장까지 도달한 다음, 장에서 증식하고 정착해야 한다. 또한 장관 내에서 유용한 효과를 나타내야 하고 독성이 없으며 비병원성이어야 한다. 프로바이오틱스는 장 내 환경에 유익한 작용을 하는 균주를 뜻하기도 한다. 장에 도달해 장 점막에서 생육할 수 있게 된 프로바이오틱스는 유산을 생성해 장 내 환경을 산성으로 만든다. 이로 인해 산성 환경에서 견디지 못하는 유해균들은 그 수가 감소되고, 산성에서 생육이 잘 되는 유익균들은 더욱 증식하게 돼 장내 환경을 건강하게 만들어주는 것이다.

전통적으로 프로바이오틱스는 락토바실루스 등의 유산균을 이용해 만들어진 발효유제품으로 섭취됐다. 일반적으로 발효유의 경우 1병당 100억 마리나 되는 유산균이 포함되어 있다. 그러나 실제 장에 도달하는 것은 고작 20~30%뿐이다. 이는 발효유 내 포함되어 있는 유산균이 위산을 견디지 못하기 때문이다.

그런 이유로 최근에는 락토바실루스 외에 비피도박테리움, 엔테로코쿠

스^{Enterococcus} 일부 균주 등을 포함한 발효유, 과립, 분말, 캡슐 등의 형태로 판매되고 있다. 시중에서 구할 수 있는 프로바이오틱스 관련 제품의 품질 차이는 천차만별이다.

제대로 된 프로바이오틱스제품을 선택하기 위한 기준은 다음과 같다.

* 믿을 만한 제조회사인가?

프로바이오틱스제품은 수많은 회사에서 판매를 하고 있다. 제품도 다양하다. 제조회사의 중요성은 위생이나, 품질 면에서 GNP, BGNP시설을 갖추고 있는지를 따지는 것이 필요하다. 소비자 클레임 발생 등의 경우에 빠르게 대처가 가능하고 문의할 수 있는 경로가 필요하기 때문이다.

* 유산균은 복합균주로 되어 있는가?

위장관에서 프로바이오틱스의 생장 위치는 서로 다르다. 때문에 다양한 장소에서 서식할 수 없다. 락토바실러스균은 주로 소장에서 효과적으로 서식한다. 비피도박테리움은 대장에서 최고의 생장 능력이 있기 때문에 복합균주로 사용한 것이 보다 효과적이다.

* 단위당 유산균의 함유량은 얼마인가?

유산균은 균수의 함량이 높은 것이 좋다. 많은 양의 유산균이 투입된 제품을 섭취했을 때 살아서 장 내 정착할 수 있는 확률이 커지기 때문이다.

* 제품에 표기된 유산균수는 제조 시 초기승수인가? 또한 식약청 규제에
  맞춘 유효기간 내에 보장승수인가?

많은 프로바이오틱스회사에서 유산균의 함량과 보장승수를 최대치로 해판매하고 있다. 실제로 프로바이오틱스균 수를 검증하는 기관에서 분석해보면 제품에 표기되어 있는 승수보다 현저하게 떨어지는 경우가 많다. 또한 유산균은 살아 있는 미생물이기 때문에 시간의 경과에 따라서도 사멸하게 된다. 보장승수는 유효기간까지 살아 있는 유산균의 수를 의미하는데, 이것 또한 지켜지지 않고 있는 경우가 있다.

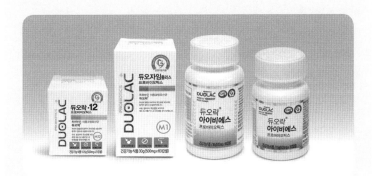

유산균은 장내균총 개선에 도움을 준다.

김치는 유산균의 보고

보통 유산균이라고 하면 발효유나 치즈 등의 유제품에 포함된 세균을 떠올리지만 사실 유산균은 김치, 장류, 채소절임 등의 식물을 바탕으로 한 음식에도 많이 포함되어 있다. 다양한 연구에서 유제품 분리 유산균들에 비해 염분이 많고 산성이 강한 김치 등에 서식하는 식물성 유산균이 위나 소장의 산성 소화액에서의 생존율이 높다는 결과를 계속 보고하고 있다. 특히 한국인처럼 채식 위주의 식생활을 하는 동양인의 경우 서양인보다 80㎝가량 장腸 길이가 길다. 영양분이 적고 소화 흡수 속도가 더딘 채소류 등의 통과시간을 늘려 음식물에서 영양분을 조금이라도 더 많이 빼내기 위해서다. 따라서 영양분이 풍부한 우유에 생장하는 유산균에게 동양인의 장은 영양분이 적은 환경이기에 증식하기 어려운 곳이다. 그에 비해 식물성 유산균은 원래부터 영양분이 적은 식물에서 생장하였기에 동양인의 장에 적합한 균이라고 할 수 있다.

동서양을 막론하고 장수 지역에서 가장 많이 섭취하는 음식은 유산균이 함유된 발효식품이다. 〈헬스〉가 선정한 세계 5대 식품 중 두 가지가 유산균을 활용한 발효식품(김치, 그리스식 요구르트)이다. 유산균의 유익성은 장내균총 개선 외에도 아토피 예방 및 면역 증강, 항암 및 콜레스테롤 저하 등 각종 유용성이 입증되고 있다.

유산균은 모두 유익하다고 할 수 있지만 채식 위주의 식생활을 하는 동양인의 장에는 우유에서 증식하는 유산균보다는 채소에서 증식할 수 있는 유산균이 더 적합하다. 특히 우리가 즐겨먹는 김치에서 분리한 유산균들은 우리의 장에 익숙한 것이기에 더욱 친화력이 높다.

〈동물성유산균과 식물성 유산균의 차이〉

사건	동물성 유산균	식물성 유산균
서식장소	우유 및 우유가공품	채소, 과일, 장류
인공위액 생존율 (pH2.5)	10~20%	90% 이상
종류	10여 종	200여 종
영양 환경	영양이 풍부하고 균형이 맞는 곳에만 생식가능	고염도, 영양이 부족한 곳에서도 생식 가능
주요 함유 식품	요구르트, 유제품	김치, 절임류

737 절식 중 나타날 수 있는 증상

• 입에서 냄새가 나고, 혀에 하얀 설태가 낄 수 있다

절식 중에는 구강의 침이 부족하게 된다. 구강 안 침은 혀와 구강을 촉촉하게 유지함으로써 혀점막과 구강점막의 윤기를 유지한다. 또 세균의 증식을 막고, 혀의 운동을 원활하게 해 말을 하거나 음식

을 씹을 때 활동성을 유지할 수 있게 기능한다. 침이 부족하게 되면 구강의 세균이 증식해서 구내염이 빈발하게 되고, 혀조직 등에 염증이 발생해 설태가 끼거나, 아프기도 하고 때로는 갈라지는 증상이 나타나기도 한다.

보통 입냄새를 제거하기 위해서는 껌을 활용하는데, 이는 공복감만 주는 방법으로 좋은 해결책이 아니다. 물을 자주 마시고 양치를 자주하며 몸이 청소될 때까지 차분히 기다리는 편이 더 좋다. 보통 일주일 정도면 입냄새가 사라진다.

절식기간에 회진법을

한의학에서는 인체 내에 존재하는 수분을 진액津液이라 한다. 진액 중 눈물泣, 땀汗, 콧물涕과 입 밖으로 흐르는 침涎, 입 안에 고여 있는 침唾을 5액液이라 하여 특히 중시했다.

《동의보감》에서는 "진액은 인체의 기본이 되는데 이것이 피부에서는 땀이 되고, 살과 근육에서는 혈액이 되고, 신장腎臟에서는 정액이 되고, 비장脾臟에서는 담痰이 되고, 눈에서는 눈물이 되는데, 이것들은 한번 나오면 다시 돌아갈 수 없으나 침만은 다시 돌아갈 수 있다"고 했다. 그런 이유로 입안에 있는 진액인 침은 매우 귀중하기에 함부로 침을 뱉지 말고, 이를 입 안에 머금고 있다가 다시 삼키면 정기가 잘 보존돼 얼굴과 눈에 광채가 돈다고 한다.

그렇기에 침을 머금고 다시 삼키는 방법을 강조하는데, 이것을 회진법廻津法이라 한다. 회진법은 혀를 움직여 입천장과 입 안 구석구석을 닦을 때 고인 침을 뱉지 말고, 입안에 모아 뒀다가 다시 삼키는 것을 말한다.

• **목 안 쪽이 아프고 가슴 부위가 타는 증상, 복통이 있을 수 있다**

평소 소화기계(식도, 위, 십이지장 등)에 미만성 위염이 있거나, 위산분비가 지속적으로 되는 경우에 나타나는 증상이다. 또는 설사 후에 무기질 손실로 인한 심장 주위에 불편함을 호소하는 경우도 있다. 이때는 양배추 삶은 물을 마시면 도움이 된다. 단순 복통의 경우라면, 절식을 하면서 장이 수축하여 장벽에 있던 숙변이 떨어져 나가면서 아랫배가 뒤틀리듯 아플 수 있다.

• **두통, 구역감이 생기고 심하면 구토를 할 수 있다**

평상시 두통이 있었던 사람에게 종종 나타나며, 심하면 구토까지 할 수 있다. 보통 구역감은 두통과 함께 발생하는데, 이는 곧 사라진다. 단, 구토를 했을 경우 바로 물을 마시는 것이 좋다. 이 경우 과일 주스를 마시면서 반드시 땀을 내는 것이 좋다. 신선한 공기를 쬐는 것도 도움이 된다. 만약 두통이 지속되면 잠시 절식을 중단했다가 두통이 사라지면 다시 시작하는 것도 방법이다. 커피를 즐기던 사람이라면 금단 현상의 일종으로 두통이 생기기도 한다.

• **몸이 너무 피곤하거나 혈압이 떨어질 수 있다**

움직임이 너무 적고, 활동량도 적은 경우 오히려 더 힘이 든다. 이때는 과일 주스 희석액을 더 진하게 마시면서 몸에 부담이 가지 않을 정도로 천천히 운동하면 더 빠르게 회복된다.

• **피부가 건조해지고 가렵기도 한다**

오이나 알로에를 얇게 썰어 마사지 하면 도움된다. 수시로 보습크림을 발라 주는 것도 좋다. 절식이 끝나면 곧 회복된다.

• **여성에게는 자궁 부정 출혈이 일어나기도 한다**

절식을 통해 몸의 호르몬계가 리셋^{Reset}되기 때문에 일시적 자궁 출혈이 있을 수 있다. 하지만 곧 회복이 되고, 만일 지속된다면 병원을 방문해 다른 질환이 있는지 확인해보는 것이 좋다.

• **등 가운데 날카로운 통증이나 혈뇨가 나올 수 있다**

혈뇨는 절식에서 흔히 나타나는 증상은 아니다. 일시적으로 몸이 리셋되면서 나타날 수 있지만 통증이 동반되면 신결석을 의심할 수 있다. 절식 중 신결석이 빠져 나오다가 걸려서 통증이 발생할 수 있으니, 이때는 병원을 방문해 검사하는 것이 좋다.

• 방광염이 재발할 수 있다

평소 쉽게 방광염이 재발하는 사람이나, 그렇지 않던 사람이라도 잠재되어 있던 방광염 증상이 다시 나타날 수 있다. 하지만 대부분 악화되기보다는 며칠 후 방광염 증상이 완전히 소실되는 경우가 많으니, 물을 자주 먹으면서 몸을 편하게 하는 것이 좋다.

• 추위를 타기도 한다

절식기에는 쉽게 체온이 떨어지기 때문에 항상 몸을 따뜻하게 관리해야 한다.

Part

3

새로 채우기

긍정적
마인드 갖기(긍정 확언하기)

사람은 1시간에 2,000번, 하루에 5만 번 정도의 생각을 한다. 우리는 참 많은 생각을 하면서 살아 가고 있는 것 같다. 매일 먹는 음식과 습관이 건강에 영향을 주듯, 생각도 마찬가지다. 단지 우리가 인식을 못할 뿐이다. 많은 영성가들에게 영감을 선사한 《기적수업》이라는 도서가 있다.

책은 "당신 앞에 펼쳐진 현실은 당신이 초대한 것이다"라는 말로 요약할 수 있다. 당신이 하고 있는 생각이 곧 그의 인생에 고스란히 영향을 준다는 말이다.

혹시 현재 상황이 불만족스럽진 않은지? 그렇다면 그것은 습관처럼 한 부정적 생각의 결과물일 가능성이 높다. 반대로 생각해보자. 만약 당신의 생각이 늘 긍정적이라면? 언제나 만족스러운 현실을 맞이할 수 있는 확률이 몇 배 높아진다.

우리는 생각한 그대로 경험한다
- 유인력의 법칙

《물은 답을 알고 있다》를 보면 "모든 물질과 감정, 의식은 파동으로 이뤄져 있고, 생각도 파동의 형태로 전달된다"고 나온다. 파동은 '공명(共鳴)'한다는 특징이 있다. 성질이 비슷한 것들에 반응하고 영향을 미친다. 우리 생각은 파동이 비슷한 현실을 우리 앞으로 끌어당긴다.

다시 말해 우리가 바라는 방향으로, 새로운 사고를 할 때마다 세상은 재창조된다. 이를 '유인력의 법칙Law of Attraction' 혹은 '끌어당김의 법칙'이라 한다. 친구와 '가위바위보 게임'을 했다. 당신은 '가위'를 냈다. 그때 당신은 어떤 생각을 했는가? 분명 머릿속으로 '가위'를 생각했을 것이다. '바위'를 냈다면?, 혹은 '보'를 냈다면? 역시 머릿속으로는 그것을 생각했을 것이다. 생각하고 그 결과를 경험하는 것도 이와 같다.

'유인력의 법칙'에 의하면 실패를 두려워하는 사람은 실패를 경험할 가능성이 커진다. 실패에 대한 두려움이 지속되면 결국 현실의 실패를 체험하게 된다는 논리다. 여기서 의문이 하나 든다. 누구나 시험이나 경기에서 좋은 결과가 나오기를 바란다. 하지만 결과는 어떤가? 승리하는 이가 있다면 실패하는 이도 있다. 떨어진 사람 중에는 합격에 대한 자신감이 넘치고, 확고한 생각을 갖고 있던 사람도 있었을 것이다. 그럼에도 그들이 실패를 하거나, 자신이 원했던 결과를 경험하지 못한다는 것은 어떻게 설명할 수 있을까?

그것은 우리가 바라는 생각이 공명(共鳴)을 일으켜 현실을 끌어당길 때에는 '시간'이라는 개념이 없기 때문이다.

우리의 생각은 반드시 그 방향으로 우리의 현실을 만들어 가고 있다. 하지만 언제 그 결실을 맺을지는 모른다. 그렇기에 우리는 항상 준비하고 있어야 한다.

우리의 생각은 어떤 방식으로 실현되는가?
- 안테나 이론

당신이 하려는 어떤 것이라도, 할 수 있는 방법은 이미 존재한다. 당신은 다만 그것에 주파수만 맞추면 된다.

－개리 크레이그

우리 뇌에는 작은 구슬 크기인 '망상체'라는 게 있다. 이는 뇌의 회질에 있는 부분으로 매 순간 받아들이는 막대한 양의 감각 정보를 분리하는 필터라 할 수 있다. 우리 뇌는 초당 200만 비트의 정보에 노출돼 있다. 따라서 유입되는 모든 정보를 의식적으로 처리하면 과부하에 걸린다. 그래서 우리의 뇌는 망상체를 통해 중요하다고 판단되는 정보만을 포착해 의식에 올리게 된다. 망상체는 어떻게 정보를 필터링할까?

쉬운 예로 지금 당신이 있는 공간을 둘러보자. 1분 정도 유심히 살핀 뒤 눈을 감는다. 그리고 시계, 책상, 달력, 책, 컴퓨터 등 떠오르는 물건과 그 위치를 천천히 말해본다. 다시 눈을 뜨고 당신이 떠올린 것들 외에 미처 떠올리지 못한 물건들이 있는지 확인해보자.

당신에게 굉장히 익숙한 공간임에도 불구하고 분명 놓치고 있는 것들이 있음을 발견할 것이다. 하지만 떠올리지 못한 물건임에도 불구하고 그것을 필요에 의해서 찾으려 한다면 쉽게 찾을 수 있을 것이다. 망상체에 의해 걸러져서 무의식으로 처리되었던 물건의 정보를, 그것이 필요한 순간 의식 속으로 끌어올리기 때문이다.

중요한 것은 망상체의 판단에 의해 필터링 되는 정보들을 우리가 선택해 활용할 수 있다는 것이다. 집중하고 주의를 기울이면 우리가 인식하지 못했던 우리 앞의 많은 숨겨진 정보들을 선택하고 활용할 수 있다. 안테나는 이 망상체를 이용하는 것을 비유한 표현이다. 생각에는 끌어당기는 힘과 주파수가 있다.

인간은 송신탑처럼 특정 파장의 주파수를 전송한다. 수많은 방송이 전파를 타고 도처에 널려 있다. 하지만 고민할 필요가 없다. 우리는 단지 라디오나 TV의 채널을 돌려 주파수만 맞추면 원하는 방송을 보고 들을 수 있다. 마찬가지다. 우리가 원하는 바를 성취할 방법 또한 도처에 널려있다. 우리는 단지 주파수만 맞추면 된다. 이것이 바로 '안테나 이론'이다.

안테나 이론을 활용하면 우리가 미처 인식하지 못했던 것들을 알아차리게 된다. 왜냐하면 모든 사물이나 현상은 우리가 인식하지 못한 채, 그 모습 그대로 우리 앞에 있어 왔기 때문이다. 여기 재정적

어려움을 극복하고 싶은 갑돌이와 을순이가 있다. 갑돌이는 '돈이 없다'는 상황에만 집착하고, 현실을 괴로워하며 낙담과 푸념만 늘어 놓는다. 반면 을순이는 언젠가는 현재의 상황이 풀려 넉넉한 재정 상황을 기대하는 희망을 갖고 매일을 살아가고 있다. 갑돌이의 경우 그의 세계관에 '돈이 풍요하다'는 전혀 없기 때문에, 아무리 돈을 원해도 재정적 풍요는 오지 않는다. 오히려 을순이 같이 재정적으로 힘들수록 재정적 풍요에 대한 긍정적인 상상을 계속 하면 미래는 점차 그렇게 재창조된다.

이유는 간단하다. 갑돌이와 을순이가 무엇을 하던 그것을 이루는 방법은 이미 존재하기 때문이다. 갑돌이나 을순이는 다만 그것에 주파수만 맞추면 된다. 갑돌이는 '돈이 없다'는 세계관에 주파수를 맞추었고, 을순이는 '돈이 풍요하다'는 상상에 주파수를 맞추었다. 결과적으로 그들이 인식하지 못하고 있던 여러 방법으로 현실은 재창조되기 시작한다. 갑돌이는 여전히 가난하게, 갑순이는 점점 풍요롭게 변해 가는 것이다.

일반적인 성공학에서는 성공의 방법론을 배우고 익혀서 실천하면 성공할 수 있다고 말한다. 하지만 역설적으로 이미 성공에 도달한 관점에 서보자. 무엇이든 우리가 인식하지 못했던 성공의 방법론들이 나타나기 시작할 것이다.

우리는 항상 착각한다

인간은 누구나 자기 상상력의 한계를 세상의 한계라고 생각한다.

-아더 쇼펜하우어

사람은 대체로 제각기 생각대로 사물의 본질과는 관계없는 해석을 한다.

-윌리엄 셰익스피어

　같은 사실에 대해서도 사람에 따라 달리 해석하고 받아들이는 이유는 뭘까? 상황을 인식해서 판단하는 인간의 사고思考는 각 개인의 경험이나 지식, 그에 결부된 감정 등을 바탕으로 하기 때문이다.

　갑동이라는 사람이 있다. 갑동이는 새로운 여자친구를 만들려 하지 않는다. 항상 버림받았기 때문이다. 더군다나 "당신은 남자로서의 매력이 없다"로 그를 떠났다. 세 번이나 반복된 이 경험은 자신이 여성들에게 남성적 매력이 없다는 생각을 갖게 했다. 실연의 상처는 깊었다.

결국 그는 마음에 드는 여성을 만나더라도 매력이 없는 자신은 결국 버림받게 될 것이라는 생각을 하기에 이르렀다. 이 경우처럼 "난 남자로서 매력이 없어. 나는 결국 실연당할 거야"라는 믿음을 '신념 Belief'이라 한다. 개리 크레이그는 이러한 신념의 상태를 마음속에 '벽 글씨'를 썼다고 표현한다.

이 벽글씨는 경험의 '반복Repetition과 감정Emotion'의 강도에 비례한다. 갑동이의 경우에는 3번의 실연 횟수만큼 그 크기가 커졌을 것이다. 우리 또한 크던 작던 마음속에 우리의 상황 판단을 방해하고 행동을 제약하는 벽글씨를 갖고 있다.

이러한 벽글씨 뿐만 아니라 우리의 뇌가 정보를 처리하는 한계성도 우리의 생각에 영향을 미친다. 과학 저널리스트인 토르 노레트랜더스Tor Norretranders는 저서 《사용자 환상(The user illusion)》을 통해 다음과 같은 주장을 한다. "매 초마다 수백 만 비트의 정보가 우리의 감각 기관을 통해 흘러 들어온다. 하지만 우리의 의식은 기껏해야 초당 40비트(일반적으로 15비트 정도) 정도만 처리할 수 있다. 따라서 수백 만 비트의 정보는 실제로는 정보라고 할 수 없는 의식적인 경험으로 줄어든다."

뇌는 수많은 정보에 노출돼 있기 때문에 유입되는 모든 정보에 주의를 기울 수 없다. 그래서 자체적인 판단으로 스스로 중요하다고 여기는 일부 정보만을 의식적으로 처리하고, 그 나머지는 의식화되지 않은 무의식 속에 저장한다. 다시 말해 우리는 어떤 순간에도 그 순간 일어나는 일들을 완벽히 자각할 수 없다.

중요한 것은 뇌의 자체적인 판단에 의해 필터링되는 정보도 벽글씨의 영향을 받는다는 점이다. 이미 각인된 벽글씨의 기준으로 그 중요도가 판단되기 때문이다. 이는 외부의 정보가 심하게 왜곡돼 받아들여질 수 있다는 면에서 심각하다.

우리의 사고는 이렇게 불충분한 정보를 바탕으로 이미 마음속에 써놓은 벽글씨를 통해 이뤄진다. 외부 사실과는 상관없이 벽글씨와 불충분한 정보의 영향으로 착각에 빠지게 되는 것이다. 이처럼 우리가 항상 착각에 빠져 있다는 사실을 인지해야 한다. 그 착각이 우리의 삶의 방향에 끊임없이 영향을 주고 있기 때문이다.

벽글씨 바꾸기

벽글씨란 우리 내부 대화를 비유적으로 표현한 것이다. 이것들은 우리가 오랫동안 축적해 온 태도, 의견, 신념 등을 반영하다.

: The words on our walls are metaphors for our self talk, of course. They represent the attitudes, opinions & beliefs that we have accumulated over the years.

- 개리 크레이그

우리는 자신이 써놓은 부정적인 벽글씨를 통해 생각하고, 그 생각대로 실현되는 부정적인 현실을 경험하고 있다. 따라서 현실을 재창조하고 좀 더 풍요로운 인생을 만들기 위해서는 부정적인 벽글씨를 반드시 바꿔야만 한다. 어떻게 해야 바꿀 수 있을까? 먼저 벽글씨에 대해서 자세히 알아보며 방법을 찾아보자.

첫 번째, 진실이라고 생각했던 모든 것은 우리 내부의 벽글씨에 의해 좌우되고 있다. 우리는 항상 판단을 하며 살고 있다. '좋다', '싫다', '된다', '안 된다', '가능', '불가능' 등. 하지만 이런 판단이 합리적이고 객관적인 사실에 근거해서 이뤄지지 않는다는 사실을 인지해야 한다. 사실 우리 내부의 벽글씨에 의해 좌우되고 있기 때문이다. "이건 못해"라는 생각은 "예전에 해봤는데 그때도 못했기 때문에 지금도 못할거야" 또는 "나는 이것을 해낼 능력이 없어" 등의 벽글씨가 만든 답변이다.

두 번째, 모든 벽글씨는 진실과 상관없이 과거의 경험과 외부에서 온 것이다. 벽글씨의 내용은 진실이 아니다. 다만 예전에 경험했던 일들이나 가족, 학교, 언론, 정부의 교육 등에서 받은 정보들의 나열일 뿐이다. 급한 일로 건널목을 건너려다 신호등의 빨간 불빛을 보고 멈칫했던 경험이 있는가? 건널목이 없는 환경에서 '빨간 불은 정지'라는 교육을 받은 적이 없는 사람이라면 어떻게 행동했을까? 아마도 자신의 급한 일을 처리하기 위해 유유히 건널목을 건넜을 것이다. 그에게는 '빨간 불은 정지'라는 벽글씨가 없기 때문이다.

세 번째, 벽글씨의 내용이 서로 상충될 때, 우리는 적절한 지점에서 타협하게 된다. 우리는 일상생활에서 서로 모순되는 갈등에 빠지곤 한다. 벽글씨 중 서로 상충되는 내용이 있기 때문이다. '이성을 사귀고 싶다'는 벽글씨와 '상처받는 것은 싫다'라는 벽글씨가 공존한다고 가정해보자. 이성과의 관계가 어느 정도 깊어졌을 때, 돌연 포기하거나 거리를 두려고 할 수 있다. 마찬가지로 '시험에서 좋은 성적을 얻고 싶다'라는 벽글씨와 '힘든 것은 싫다'라는 벽글씨가 공존할 때도 마찬가지다. 어느 정도 시험공부를 하다가도 쉽게 지쳐버리거나 그만둬버리게 된다.

네 번째, 평소에 자신이 무의식적으로 자주 쓰는 말이 곧 벽글씨다. 평소에 난 뭘해도 안 돼 '힘들어', '짜증나'라고 말하는 사람의 벽글씨는 바로 그것이다. 벽글씨는 생각을 좌우하는 신념의 다른 이름이고, 신념은 그 사람 인생의 현 생태를 반영하는 것이기 때문이다. 그리고 신념은 말(언어)로 표현된다.

다섯 번째, 현실을 바꾸려면 내부의 신념인 벽글씨를 바꿔야 한다. 벽글씨는 언어인 확언으로 표현된다. 이는 긍정적 확언을 사용하면 벽글씨가 바뀌어 현실을 재창조할 수 있음을 말한다. 가능한 긍정적인 생각과 열려 있는 가능성에 대한 많은 생각을 해야 한다. 그러한 생각은 현실을 재창조한다. 그런데 그 생각은 언어로 표현된다. 그렇기 때문에 언어 습관을 교정하는 것이 중요하다. 습관을 교정하기 위해서는 당연히 연습이 필요하다.

자전거를 잘 타기 위해서는 어떻게 해야 하는가? 자전거 타기가 능숙해질 때까지 끊임없이 연습해야 한다. 마찬가지다. 긍정적 언어 습관을 위해서도 끊임없이 반복해서 연습해야 한다. 그렇다면 긍정적 언어 습관을 위해서는 무조건 긍정적인 말만 반복하면 되는가? 제대로 된 긍정적 언어습관을 몸에 익히는 데에는 긍정적 확언을 만드는 훈련이 있다. 다음 장에서 자세히 알아보자.

확언이란?

확언Affirmation의 사전적 의미는 '일상 언어에서 확실하게 단정 지어 말하는 것'이다. 그런데 모든 일상 언어는 우리의 과거와 현재를 규정하고 판단함과 동시에 미래의 가능성까지도 규정한다. 특히 부정적 언어일수록 우리가 스스로 갇혀 있는 느낌을 갖도록 해, 스스로 좌절하고 절망하게 만든다.

어떤 사람이 '나는 공부를 못해'라고 단정 지어 말했다. 이때 그의 말은 과거와 현재의 모습에 대한 정확한 사실을 말한 것이므로 '참'인 것 같다. 하지만 '나는 공부를 못해'라고 말하는 것이 '나는 영원히 공부를 못할 거야'의 의미로 미래까지 규정한 것이라면 그것은 더 이상 '참'이 아니다. 이 한 마디의 말로 그는 공부를 잘할 미래의 가능성도 없애버렸기 때문이다. 이런 면에서 보면 우리가 일상에서 사용하는 언어는 거의 모두 확언이라 할 수 있다. 따라서 일상 언어의 부정적 규정성과 한계성이 우리를 속박하지 않도록 주의해야 한다.

확언에는 어떤 것들이 있을까. 먼저 확언에는 긍정적인 것과 부정적인 것이 있다. '나는 할 수 있다', '나는 건강하다', '나는 멋쟁이다', '나는 행복하다', '나는 자신감이 있다' 등, 이런 문장은 긍정적인 확언이다. 이런 확언은 우리의 가능성을 확대해 우리를 성장시키는 긍정적인 작용을 한다. 또 다른 긍정적 확언은 내가 도달하고 싶은 목표를 표현하는 말이다. 예를 들면 '나는 멋진 아빠야', '나는 돈을 잘 벌어', '나는 유능해' 등, 확신과 긍정에 찬 나의 미래 모습을 나타내는 말이다. 이런 확언을 잘 이용하면 우리는 사업, 직장, 학업, 건강 등에서 어느 누구보다 큰 성과를 만들어낼 수 있다.

반대로 '나는 운동을 못해', '나는 몸이 약해', '나는 여자이니까 승진에 한계가 있어', '나는 팔자가 사나워', '부자들은 나쁜 사람들이야', '정치인들은 모두 도덕적으로 함량 미달이야' 등, 이런 문장들은 나와 세상, 또는 타인에 대한 한계나 부정적 측면을 표현하는 부정 확언이다.

확언은 특별한 것이 아니다. 누구나 여러 형식으로 확언을 실천하고 사용하고 있다. 단지 자신이 확언을 하고 있다는 사실을 모를 뿐이다. 또 모든 사람은 내면에서 스스로 대화를 한다. '좋아', '싫어', '될 거야', '안 돼', '나는 실패했어', '나는 평범해', '나는 왜 계속 이렇게 살아야 할까', '나는 이것을 벗어나고 싶어', '인생이 너무 힘들어', '사는 것이 너무 갑갑해' 등, 스스로 판단하고 평가하는 이런 내면의 대화도 확언이라는 것을 놓쳐서는 안 된다.

즉, 확언은 그 말의 형식이 어떤 것이든 나를 규정하는 모든 것을 지칭한다. 때로는 '의문형'일 때도 있고, 때로는 한 '단어'일 때도 있다. 단순한 '뉘앙스'이기도 하고, '반어문'이기도 하며, '느낌형'일 수도 있다. 그것의 형식이 무엇이든 뭔가를 규정하는 모든 것은 확언이다. 그리고 우리는 스스로를 이 확언 속에서 규정하고, 우리가 경험하는 현실을 만든다. 그렇기에 우리는 긍정 확언을 통해 내가 원하는 현실을 재창조 할 수 있다. 지금부터 우리 삶에 영향을 주는 확언을 만드는 법을 배워보자.

확언을 만드는 규칙

● 확언은 '자신을 주체'로 '현재형'과 '1인칭'으로 하라

자신의 눈 앞에 펼쳐진 현실은 우리 스스로 만든 세상이다. 그렇기에 이 세상을 바꾸는 것도 우리 자신일 수밖에 없다. 한 상인의 예를 들어보자. 동대문 쇼핑몰에서 악세사리를 파는 최숙자 씨는 매출 때문에 걱정이다. 이상하게 잠시 자리를 비운 틈에 꼭 손님이 왔다. 단골손님을 경쟁 가게의 점원이 가로채는 것도 목격했다. 그 후로 최숙자 씨는 그 경쟁 가게에 앙심을 품게 되었고, "저 가게가 망했으면 좋겠다", "밉살스런 저 점원 꼴도 안 봤으면 좋겠다"고 생각했다. 그러나 항상 마음이 편치 않았고, 매출은 여전히 떨어져 갔다.

그러던 중 놀러온 친구가 이 고민을 듣게 됐다. 친구는 "자신이 한 부정적인 생각은 결국에는 자신에게 부메랑이 되어 돌아온다"는 얘기를 해줬다. 최숙자 씨는 이 말에 크게 느끼는 바가 있었다. 그 후로 "나는 신뢰감을 주는 사람이니까 단골손님이 점점 늘어가게 된다", "내가 파는 물건은 많은 사람들에게 만족감을 준다"고 확언했고, 말처럼 단골손님이 많아져 매출도 늘어났다.

여기서 중요한 점은 확언은 반드시 현재형으로 진술해야 한다는 것이다. '될 것이다'로 확언하면 확언의 효력은 언제까지 '될 것이다'로 유지된다. 그러므로 '된다'로 확언해야 한다. 확언을 시작하는 순간부터 효력을 발휘한다. 확언의 주체는 '나'이고, 항상 '현재' 상황에서 일어나야 하기 때문이다. 다가올 미래에 변화의 시작은 '현재'다. 현재가 바뀌면 미래는 자연히 바뀌게 된다. 그래서 확언은 현재형으로 하는 것이다.

그녀는 나를 사랑할 것이다.	나는 매력적이어서 그녀의 사랑을 받는다.
우리 애들은 공부도 잘하고, 내말도 잘 따를 것이다.	나는 존경받는 부모이기 때문에 우리 아이들을 바른 길로 인도하며, 아이들도 이런 나를 잘 따른다.
고객들은 나를 신뢰할 것이다.	나는 신뢰감을 주는 사람이기 때문에 모든 고객들이 나를 좋아한다.
밉상 부장을 안 봤으면 좋겠다.	나는 마음이 넓어서 모든 사람을 좋게 본다.

회사에서 월급을 올려줬으면 좋겠다.	나는 뛰어난 업무수행능력을 인정받아 점점 월급이 오른다.

● 부정적인 현실에 집중하지 말고, 원하는 말로 긍정적인 확언을 하라

우리는 습관적으로 부정적인 사실, 우리를 가로막고 있는 장애물에 집중하곤 한다. 그런데 중요한 것은 우리의 무의식은 부정어를 인식하지 못 한다는 것이다. 암벽타기를 할 때, 누군가 "절대로 '아래'를 내려다보지 말라"라고 외친다면 자신도 모르게 아래를 내려다볼 가능성이 높아진다. 따라서 직접적인 말로 바라는 방향을 정확히 확언하는 것이 중요하다. 위에 예에서는 "위만 보고 올라가"라고 말하는 것이 좋다.

같은 원리로, "나는 실패하지 않는다"라고 확언하면 실패만 무의식 속에 각인되고 만다. 따라서 항상 긍정적인 단어로 확언하는 습관을 길러야 한다. "나는 성공한다" 같은 밝은 미래의 상태를 두고 확언해야 하는 것이다.

이는 '코끼리'를 생각하지 않으려면 '코끼리'를 먼저 떠올려야 한다는 사실을 예로 들어 현대 사회의 인식론적 딜레마를 지적한 미국의 언어학자 조지 레이코프George Lakoff의 '프레임' 이론과 일맥상통한다.

프레임 이론^{Frame Theory}

미국 캘리포니아대 언어학과 교수인 조지 레이코프^{George Lakoff}는 어느 날 자신의 강의 중 대학생들에게 "지금부터 코끼리를 생각하지 말라"고 요구했다. 그리고 강의가 끝난 뒤 조사해보니 모든 학생들이 다 코끼리를 생각했으며, 그것도 교수의 말이 떨어지는 순간부터 그랬다는 것을 확인할 수 있었다.

'코끼리'를 생각하지 않으려면 먼저 '코끼리'라는 단어를 떠올려야 했기 때문이다. 그는 이러한 언어적 인식론을 바탕으로 '프레임 이론'을 주창했다. 여기서 프레임^{Frame}이란 사람들이 어떤 이미지나 사회적 의제^{議題}를 인식하는 과정에서 본질과 의미, 사건과 사실 사이의 관계를 정하는 직관적 틀을 뜻한다.

프레임 이론이 성립하는 이유는 외부로부터 받아들이는 대부분의 감각을 두뇌가 '언어'로 변환해 수용하기 때문이다.

생활에서 부정적인 어구의 확언을 긍정적인 어구의 확언으로 바꾸는 예는 다음과 같다.

실패하면 어쩌지.	성공할 거야.
떠들지 말아주세요.	조용히 해주세요.
발표할 때 떨면 어떻게 하지?	발표를 자신감 있게 하자.

| 화장실 바닥을 더럽히지 말아주세요. | 화장실을 청결히 사용해주셔서 감사합니다. |
| 빈병에 담배꽁초를 넣지 말아주세요. | 빈병을 재활용할 수 있도록 깨끗하게 사용해주셔서 감사합니다. |

● 확언의 3대 요소 실현 가능성, 기대감, 흥분

외국의 한 기관에서 금연 광고에 대한 흥미로운 보고서를 발표했다. 청소년 금연을 위해서는 죽음이나 건강에 대한 공포를 조장하기보다 청소년들이 체감할 수 있는 자신의 이미지나, 이성에 대한 매력에 어필하는 것이 훨씬 효과가 크다는 것이다.

"담배는 당신의 생명을 앗아갑니다", "담배를 피우는 동안 당신의 폐는 썩어가고 있습니다" 등의 경고성 문구보다, "담배를 피우는 당신은 매력이 없습니다", "담배 냄새는 당신의 이미지를 망칩니다"라는 문구가 효과가 컸다. 연구 결과로 알 수 있듯 멀게 느껴지는 죽음보다는 당장의 효과를 바랄 수 있는 매력적인 이미지의 변화와 같은 것, 즉 실제로 체감할 수 있는 요소로 동기 유발을 촉구하는 것이 좋다.

하지만 확언이 현실과 너무 동떨어져 차이가 크면 너무나 많은 의문들이 나타나, 결국 스스로 불신하고 좌절하게 된다. 하지 않는 것만 못하게 될 수도 있다. 따라서 나중에 목표를 올려 잡게 되더라도 현재 자신의 처지에서 적절한 목표를 설정하는 것이 중요하다. 동시에 현실과는 어느 정도 거리가 있어, 확언이 실현된다는 생각을 하면 흥분을 느낄 정도여야 한다. 확언의 목표가 너무 작아도 흥미가 감소돼, 동기유발이 안 되고 쉽게 지겨워질 수 있다.

이처럼 확언은 실현가능성도 있어야 하겠지만, 어느 정도 기대와 흥분도 줄 수 있어야 한다.

● 'Must, Should'가 아닌 'Want, Need'를 확언하기

확언은 '해야만 하는 것(Must, Should)'에 대한 것이 아니다. 진정으로 자신이 '원하는 것(Want)', '필요한 것(Need)'을 한다. 만일 자신이 하고 있는 확언에 대해 금방 흥미를 잃어버린다거나, 확언이 이뤄지지 않아 지친다는 느낌이 든다면 스스로 하고 있는 확언을 냉정히 뒤돌아봐야 한다.

혹시 현재 하고 있는 확언이 자기 스스로 진심으로 '원하는 것'인지, 냉정하게 다시 물어야 하는 것이다. 주변 사람들의 기대나 시선 때문에 당위론적으로 '해야만 하는 것' 또는 '하면 좋은 것'을 확언하고 있을 수도 있기 때문이다.

한 부부의 예를 보자. 30대 후반의 김모 씨 부부는 지금 결혼 생활에 만족한다. 이들은 다른 비슷한 연배의 부부들보다 수입이 많아 여가생활도 마음껏 즐기고 산다. 아직 아이가 없다는 것도 부부

의 여유로운 생활에 한몫하는 것도 사실이다. 하지만 매년 해를 더 해갈수록 아이가 없다는 것에 은근한 스트레스를 받는다. 더 늙기 전에 손주를 보고싶어 하시는 양가 부모님들의 바람도 커져가고, 주변에서는 부부 사이에 어떤 문제가 있지는 않은지 의심의 눈초리로 바라보기 일쑤다. 그래서 부부는 언제부턴가 아이를 바라게 되었고, '나는 예쁜 딸이 있다'라는 확언을 시작했다. 하지만 아이는 빨리 생기지 않았다. 매달 표시 없는 임신 테스트기를 보며 답답하고 한숨만 나왔다.

실제로 많은 사람들이 확언을 하며 이 같은 의문을 갖는다. 이럴 땐 자기 스스로에게 다음과 같은 질문으로 확인해보자. '이 확언은 진실로 내가 원하는 것인가?', '이 확언은 나에게 필요한 것인가?', '이 확언이 실현되었다는 상상은 나에게 기쁨과 활력을 주는가?' 삶을 풍요롭게 하는 확언은 이 질문의 답이 모두 '예'이다. 만약 '아니요'라는 답을 한다면 당신은 '절대 실현되지 않을' 당위론적인 말을 앵무새처럼 읊고 있는 것이다.

확언 120% 활용

● 확언에도 변화가 있어야 한다

벽글씨의 언어적 표현인 확언에 힘을 실어주는 요소는 '반복과 감정Repetition and Emotion'이다. 그렇기에 확언은 지속적으로 하는 것이 중요하다. 따라서 확언에 변화를 주며 재미있고 지루하지 않게 하는 것이 좋다. 확언에 변화를 주는 방법은 다음과 같다. 먼저 '부사', '형용사' 등의 수식어를 적절히 이용한다. 적절한 수식어를 사용하면 문장에 감칠맛을 낼 수 있고, 확언을 반복하면서 느낄 수 있는 단조로움도 없애 재미를 더할 수 있다.

"나는 매달 300만 원을 번다"는 확언에 변화를 줄 경우, '쉽게', '꾸준히', '술술' 등의 수식어를 사용해 문장을 꾸며 본다. "난 매달 **쉽게** 300만 원을 번다", "난 매달 **꾸준히** 300만 원을 번다", "나는 매달 돈이 **술술** 들어와 300만 원을 번다" 등. 이렇게 바꿔보면 내가 원하는 매달 300만 원의 수입이 어떤 형태로 들어오게 되는가도 설명할 수 있는 맞춤형 확언을 부수적으로 얻을 수 있다.

● 오감(五感)을 이용해 상상하자

확언을 단순히 말로만 반복하다 보면 금방 식상해져 질릴 수도 있다. 이때는 확언의 목표에 맞는 상황을 상상해보는 것^{Day-dreaming}이 좋다. 상상하기의 위력을 보여주는 예가 있다.

상상하기의 위력을 보여주는 예가 있다. 1976년 제21회 올림픽은 캐나다 몬트리올에서 개최되었다. 당시는 지금처럼 현지 적응 훈련이 쉽지 않았다. 이때 소련(현 러시아) 선수들이 택한 방법이 바로 상상훈련이다. 소련 선수들은 몬트리올시의 사진을 보면서 그곳에서 도착하면 경기장 이렇게 생겼을 것이며, 경기에 들어가면 어떤 선수와 경기하게 되고, 경기를 어떻게 풀어 나갈 것이고, 어떻게 이길 것인지를 날마다 구체적으로 상상했다. 이 같은 훈련 결과 선수들이 실제 몬트리올에 있는 낯선 경기장에 도착했을 때에는 마치 자신이 자주 들러 훈련했던 곳 같은 편안함을 느꼈다고 한다. 그것은 소련이 전체 메달 합계 125개로 올림픽에서 종합 1위를 차지하는 결과로 나타났다.

지금도 운동선수들은 실력 향상을 위해 이런 상상훈련을 많이 사용한다. 역도 장미란 선수도 경기 전에는 항상 역기를 들어 올리는 상상훈련을 하는데, 이 훈련이 경기력 향상에 많은 도움이 됐다고 한다. 특히 상상할 때는 시각, 청각, 후각, 촉각, 미각 등의 모든 느낌이 동원 될수록 좋다. 단순히 시각화가 아니라 오감각화 또는 총감각화되는 상상은 큰 힘을 발휘하기 때문이다.

상상하기가 큰 힘을 발휘할 수 있는 이유는 우리의 두뇌는 실제 상황과 생생한 상상을 구분하지 못하기 때문이다. 이런 이유로 우리는 상상을 의도적으로 이용해 우리의 마음을 조건화시킬 수 있다. 우리는 실제로 마치 실제인 양 전에는 없던 경험을 창조할 수 있는 것이다.

이런 사실들은 무엇을 의미할까? 당신이 '새로운 자신'을 창조하려 한다면 당신은 그것을 생생하게 상상함으로써 거기에 더 쉽고 빠르게 도달할 수 있다. 이것이 상상의 위력이다. 당신은 생생하게 '새로운 자신'이 된 것을 상상하기만 하면 된다. 그러면 당신의 뇌는 당신을 그 방향으로 데려가기 시작할 것이다. 얼마 후에 당신은 당신의 현재 위치에 만족하지 않게 될 것이다. 당신은 자신에 관한 새로운 미래상에 도달할 것이며, 그러한 변화가 일어나는 방식으로 행동할 것이다.

자신이 원하는 사물, 상황, 모습을 마음속으로 그려보며 확언한다. 매일 몇 분씩이라도 자신이 원하는 모습을 그리면서 확언하다보면 어느새 나의 현실이 그렇게 되어 있을 것이다.

더불어 상상하기를 도와주는 방법으로 다음의 두 가지를 추천한다. 먼저, 일본 작가 모치즈키 도시타카의 책 《보물 지도》에서 제시된 '꿈 설계도' 활용하기가 있다. 이것은 자신이 원하는 집, 차, 사람, 사물 등의 사진이나 그림을 보드에 붙여 잘 보이는 곳에 놔두고 매일 '내가 지금 이 상태에 있다'라고 상상하는 것이다.

두 번째, 역할 모델 활용하기(롤 모델)가 좋다. 누구나 살면서 닮고 싶은 사람이 있기 마련이다. 역할 모델 활용하기는 자신이 존경하고 닮고 싶은 사람이 된 것처럼 상상하는 것이다. 먼저 자신이 닮고 싶은 모델을 설정한다. 유명한 연예인, 정치인, 재벌 회장, 아버지, 어머니 그 누구든 좋다. 그 다음 내가 배우가 돼 이들의 삶을 실제로 연기한다고 생각한다. 그리고는 모든 결정, 도전, 위기, 기회 등 그어떤 순간이든지 '내가 이 모델이라면 어떻게 할까'하고 생각한다.

처음에는 생각이 필요하지만 자꾸 하다보면 말투, 세계관은 물론 심지어 식성까지 닮아 있는 자신을 발견할 수 있다. 그렇게 되면 자연스럽게 성공한 것이다. 물론 당연히 배역 탐구를 위해 자신이 타깃으로 한 모델의 모든 것을 틈틈이 탐구해야 하는데, 그 과정이 또한 확언의 다른 과정이기도 하다.

● 확언에 EFT를 적용하자

확언을 한 뒤 내가 원하는 상황에 이미 도달한 것처럼 그 모습을 상상해보라. 그저 느긋하고 무심하게 실행하면 된다. 그러다보면 해결책은 뜻하지 않은 곳에서 나타난다. 이는 앞서 설명한 '유인력의 법칙'과 '안테나 이론'의 작용으로 설명할 수 있다. 하지만 현재 자신의 상황에서는 확언의 내용을 해결할 방법이 좀처럼 보이지 않을 수도 있다.

그렇다고 '어떻게'라는 말을 반복하면 안 된다. 의문을 많이 생각할수록 해결할 방법이 없을 것 같다는 비관적인 현실을 자각하게 돼 좌절감만 늘게 된다. 하지만 그리 간단한 일이 아니다. 우리가 긍정적인 확언을 표현할 때에는 반드시 그 반대되는 경쟁자가 따라 붙기 마련이다. 그리고 이런 반대되는 경쟁적 확언이 긍정의 확언 꼬리에 미묘하지만 강력하게 달라붙어 진정한 확언이 될 수도 있다. 이것을 꼬리말Tail Ender이라 한다.다.

확언이 실현되지 않는 이유는 확언과 현실에서 발생한 부정적 꼬리말과의 부조화를 못 견디기 때문이다. 부정적 꼬리말이 자꾸 반복되면, 사람들은 종종 거짓말을 하고 허황된 기분이 들어 그냥 포기해버리곤 한다. 따라서 확언을 성공적으로 이끌기 위해서는 도움이 필요하다. 바로 EFT로 부정적 꼬리말들을 지워버려야 하는 것이다.

제대로 만들어진 확언이 아주 강력히 작동하는 것은 의심의 여지가 없다. 다만 기술이 좀 필요할 뿐이다. 이 기술인 EFT는 확언에 경쟁하는 부정적 감정과 믿음에 대한 모든 꼬리말을 지워버리는 강력한 지우개 역할

을 한다. 즉, EFT를 잘 활용하면 개인의 능력 발휘에 장애가 되는 모든 장벽을 제거 할 수 있다.

나아가 우리는 깨끗해진 인식의 벽에 새롭고 일관된 생각을 써 넣을 수 있다. 지우고 새로 써라. 일단 꼬리말이 사라지면 확언은 강력하게 작동된다. 확언은 스스로를 흥분시키고 변화를 일으킨다. 확언과 EFT가 결합되면 우리의 사고체계는 완전히 새로 짜여진다. 이 결합은 우리의 내부 장벽을 없애고 우리의 꿈을 실현할 수 있도록 도와준다.

- 개리 크레이그

개리 크레이그는 EFT를 확언에 다음과 같이 적용하기를 권한다.

① 정신적으로 새로운 나를 만들기 위한 목표를 세우고 그에 맞는 확언을 만들어라.

Develop an affirmation aimed at mentally conditioning a new you.

② 확언을 일상에 적용해보고, 효과가 나지 않을 때에는 확언을 방해하고 경쟁하는 꼬리말들을 찾아내라.

Whenever it isn't working, look for competing tail enders.

③ 필요하다면 경쟁하는 꼬리말들을 다양한 양상들로 나누고 EFT를 적용해 지워버려라.

Divide the competing tail enders into their aspects(if any) and bring them to zero(erase them) with EFT.

④ 확언을 다시 시작하고, 필요하면 2와 3의 단계를 반복하라.

Resume the affirmation and repeat steps 2 and 3 where necessary.

● 확언을 만들었다면 지금 당장 실천하라

성공의 8할은 우선 출석하는 것이다.

-우디 알렌

목표설정, 계획, 그리고 꿈은 멋집니다. 하지만 그것을 실현하기 위해 행동하지 않는다면 그것은 여전히 목표이자, 계획이며, 한낱 하룻밤의 꿈으로 남게 될 것입니다.

-데브라 벤튼

당신이 할 수 있는 일, 하고 싶은 일, 꿈꾸는 일을 바로 지금 시작하세요.

대담함 속에는 이미 많은 힘과 재능, 마법이 숨겨져 있습니다.

-괴테

확언을 다 완성했는가? 그렇다면 이제 남은 일은 움직이는 것이다. 긍정적인 생각으로 정신을 무장했으니 가만히 기다리기만 하면 된다고 생각하는 것은 오산이다. 확언을 만들었다면, 그 확언이 성취될 수 있는 행동 목표를 정해야 한다. 그리고 그 성취를 위해 지금 이 순간 할 수 있는 것부터 바로 시작해야 한다.

'72:1의 법칙'이 있다. 뭔가 시작하기를 결심했는데, 72시간 내에 실행하지 않으면 1%도 성사될 가능성이 없다는 것이다. 또한 성취를 위해서는 얻고자 하는 결과 크기에 맞는 노력과 투자가 당연히 필요하다. 어떻게 시작하든 좋으나 행동 목표를 정해 놓고 한 걸음 한 걸음 움직인다면 그 실현이 앞당겨 질 수 있다.

확언의 성취를 위한 행동 목표는 'SMART 원칙'을 사용해 만들어보자.

'SMART 원칙'은 S(Specific), M(Measurable), A(Achievable), R(Reasonable & Responsibility), T(Timed)를 뜻한다.

• S(Specific) - 가능한 구체적으로 만들어라

목표는 가능한 구체적으로 설정한다. 만일 체중을 줄이고자 확언했다면, 가능한 행동 목표로 저녁식사 후 운동을 들 수 있다. 하지만 운동의 방법도 여러 가지이고, 시간도 특정되지 않았다. 이를 원칙에 맞춰 설정해 본다면 '저녁 식사 후에 20분 간 운동장 뜀박질을 하겠다'가 될 수 있겠다.

• M(Measurable) - 측정 가능해야 한다

행동 목표의 성취 달성 여부를 판단할 수 있도록 측정 가능한 것이 좋다. 앞서 말한 체중을 줄이는 예에서 측정 가능한 것은 무엇일까? 1주에 1kg 정도 줄어든 체중계의 눈금으로 확인할 수 있는가? 아니면 줄어든 바지 사이즈로 알 수 있는가? 목표를 실천함에 따라 성취의 정도를 측정 가능한 것이 좋다.

• A(Achievable) - 성취 가능성이 있어야 한다

실천을 위한 목표는 과연 해낼 수 있는 것인가? 확언을 만들 때와 마찬가지다. 터무니없이 성취 목표가 높거나 낮으면 매력이 없다.

• R(Reasonable & Responsiblity) - 합리적이고, 책임성이 있어야 한다

만일 돈을 많이 벌기를 확언했다면, 도둑질을 하거나 사기를 쳐

도 된다는 것인가? 성취를 위한 방법은 합리적이어야 하고, 사회적으로 지탄 받지 않을 책임성 있는 것이 좋다.

• T(Timed) - **시한성이 있어야 한다**

언제까지 목표를 이룰지 시한을 정하는 것이 좋다. 목표까지 정해졌으면 지금 바로 그것을 실천에 옮기면 된다.

자연 치유력을 키워주는
다섯 가지 생활습관

내 몸 안의 명의, '자연 치유력'을 키우자

현대 의학은 눈부시게 발전했지만 생활에서 유래하는 질병과 면역력 저하로 발생되는 감기, 독감, 간염, 에이즈 등은 오히려 증가하고 있다. 각종 백신의 개발로 난치성 전염병을 극복해 온 현대 의학의 눈부신 발전 이면에는 감기가 한 달 이상 떨어지지 않는다는 사람들, 알레르기성 질환을 평생 달고 사는 사람들, 심지어 20~30대에 암에 걸려 끝내 목숨까지 잃는 사람들이 존재한다.

이로 미루어 생각했을 때 현대인의 건강 상태는 결코 과거보다 좋아졌다고 보기 힘들다. 의료과학 분야는 놀라운 성과를 거두었지만 건강의 사회환경지수와 개인별 신체건강지수는 도리어 퇴보하고 있는 것이다. 특히 원시시대부터 유전자 속에 축적되어 온 인체의 자연 치유력은 현대에 들어서면서부터 눈에 띄게 떨어지고 있다.

"병을 낫게 하는 것은 결국 '자연'이다"는 말이 있다. 이는 인체의 질병은 조화의 상실에서 비롯된 것이며, 질병을 낫게 하는 힘도 바로 인체의 조화에 있다는 점을 강조한 말이다. 이때의 조화는 자연과의 조화를 뜻한다. 한의학은 모든 질병의 원인을 '자연'과의 관계에서 찾았고, 이에 대한 해답 역시 자연 속에서 구해 왔다. 그리고 여기에서 말하는 자연은 바로 환자 스스로가 지닌 '자연 치유력'을 의미한다. 우리가 일상생활에서 수많은 세균과 질병의 원인에 노출돼 있음에도 쉽게 질병에 걸리지 않는 이유도, 자연 치유력이 있기 때문이다. 그래서 자연 치유력을 '인체 내부에 존재하는 최고의 의사'라 부르는 것이다. 즉 자연 치유력을 되살리면 환자 개개인마다 다양한 모습으로 나타나는 질병을 올바로 극복할 수 있다.

환자들에게 늘 받는 질문 가운데 하나가 "어떻게 해야 건강해질 수 있느냐"다. 거의 "지금 당장 생활습관을 바꿔보세요"라 답하는데, 현재의 생활습관 때문에 병이 왔으므로 치료를 통해 지금 당장의 불편함은 개선할 수 있더라도 생활습관이 바뀌지 않는 한, 병의 재발은 자명한 일이기 때문이다. 그리고 건전한 생활습관은 자신의 자연 치유력 또한 높여준다. 병에 대한 저항성이 강해지는 것이다.

권투에 '잽'이라는 기술이 있다. 상대방을 직접 공격하는 기술이 아닌 공격을 하기 위한 기술이다. 하지만 '잽에 다운당한다'는 말이 있다. 가볍게 툭툭 치는 잽을 아무렇지도 않게 맞다 보면, 충격이 점차 누적돼 스스로의 리듬이 깨져버리기 때문이다. 질병도 같다. 질병은 어느 날 갑자기 생기는 것이 아니다. 평소 무시했던 사소한 습관들이 나도 모르는 사이에 조금씩 쌓여, 어느 한순간 병으로 나타난다.

우리 몸을 댐과 비교하면 보다 쉽게 이해할 수 있다. 댐은 홍수와 가뭄을 예방하기 위한 역할을 한다. 그래서 항상 댐 수위와 하류의 물량을 고려해 수문의 열고 닫기를 조절한다. 하지만 수위 조절에 실패하면 하류지방에 홍수가 나도 물을 방류할 수밖에 없다. 또 가뭄이 들어도 방류할 물이 없게 될 수도 있다. 평상시 관리가 소홀

하면 정말 중요한 순간에 댐으로서의 역할은 할 수 없다.

우리 몸의 자연 치유력도 마찬가지이다. 평상시 좋은 생활습관을 통해 몸을 관리하면 건강을 유지할 수 있다. 하지만 그렇지 못할 경우 일정범위까지는 스스로 치유가 되겠지만, 그 이상으로 넘어간 어느 순간 질병의 형태로 나타난다. 지속적인 건강 유지는 작은 습관만 개선해도 충분한 효과를 볼 수 있다. 그리고 이 습관의 개선은 건강한 삶을 위한 변화의 시작이다.

건전한 생활습관 1 - 대화습관

올바른 대화습관은 가족에서부터 시작해야 한다. 사랑 못지않게 상처도 주기 쉬운 관계가 바로 가족이다. '조건 없는', '절대적인'이라는 말로 묶인 집단이 합리적으로 운영되기란 쉽지 않다. 밖에서라면 충분히 양보하고 협조할 일이라도 가족이란 울타리 안에서는 어쩐지 더 억지 부리게 되고, 자기 감정을 무리하게 표현하게 된다. 더 나아가 가족이란 이름으로 때론 강요에 가까운 요구를 별 가책 없이 하기도 한다.

가족은 이렇게 상처를 주고 또 상처를 받기 쉬운 구조다. 그럴

수록 가족 간의 대화는 더욱 중요하다. 가족이기 때문에 서로의 잘 잘못이나 이익을 따지지 않고 대화로 서로의 상처를 어루만져 줄 수 있기 때문이다. 혹시 비슷한 문제로 고민하고 있다면 지금 시작하자.

우려할 만한 사실은 최근 가족 간의 대화 자체가 점점 사라지고 있다는 점이다. 모 방송국에서 실시한 가족 대화 설문조사 결과는 충격적이다. 하루 평균 가족 간 대화시간이 '한 시간 이내'라는 응답자가 전체의 70%를 넘은 것이다. 우리는 서로의 상처를 치유하기에도 턱없이 부족한, 이 짧은 대화시간 중에 얼마나 잘못된 방식으로 서로에게 상처를 주고 있는지 생각해봐야 한다. 대화는 우리 몸으로 비유하면 기가 흐르는 경락, 피가 통하는 혈관과 같다. 반드시 풀어야 할 숙제다.

● 배려하며 대화하자

너무 큰 기대는 실망을 가져오고 때로는 신뢰를 깨뜨리기도 한다. 상대방의 장점과 단점을 있는 그대로 받아들이고 이해해주자. 이런 이해가 배려의 시작이다. 대화 시에는 상대방의 마음을 이해하는 것이 무엇보다 중요하다. 또한 머리보다 상대방의 가슴에 호소할 수 있는 '가슴의 언어'가 준비돼야 한다.

나와 의견이 다르다고 무조건 틀린 것이 아니다. 우리는 대화할 때 나와 생각이 같지 않으면 적으로 간주하는 이분법적인 사고를 갖곤 한다. 그러다보니 자신의 입장만 내세우며, 자신의 얘기만을 전달하려고 한다. 하지만 대화란 상대방을 이해하고 배려함에서 시작되고 상대방의 이야기를 들음으로써 지속된다는 것을 잊지 말자. 자기 말만 앞세우다 보면 의미 있는 대화는 사라지고, 오히려 시각차만 더 벌어지게 된다. 따라서 대화를 통해 서로 마음의 문을 열고 상대방의 의견을 존중하고 배려하며, 그것을 지켜주고 관심 갖는 것은 참으로 소중한 일이다.

이는 사회의 기본인 가정에서부터 시작되어야 한다. 우리 가족이 전부, 내 아이가 전부, 그 중에서도 내가 최우선이라는 편협되고 경직된 사고를 가진 사람이 많아졌다. 사회적으로도 배려없는 대화가 일상적인 모습이 됐다. 그런 가정에서 자란 아이들은 어른이 돼서도 누구와 무슨 대화를 하건 다른 이를 배려하지 않은 채, 자기주장만 내세울 것이다. 먼저 가정에서부터 더불어 살아가고 서로 배려하는 대화를 충분히 훈련받아야 한다.

● 대화의 기본은 경청이다

상대방의 이야기를 듣지 않고 처음부터 끝까지 자기 말만 하는 사람들이 있다. 이런 사람들은 다른 사람이 자기와 다른 의견을 내놓으면 목소리를 높이거나 딴청을 부리다가 바쁘다는 핑계로 자리를 박차고 나가기까지 한다. 듣는 방법도 중요하다. 대화를 잘하는 방법은 말을 잘하는 것이 아니라 잘 듣는 것이다. 그런 의미에서 경청은 상대방의 마음을 사로잡을 수 있는 가장 빠른 지름길이다.

경청을 위해서는 먼저 상대가 말하는 의도를 알아야 한다. 그것도 상대방이 의도하는 핵심을 파악해야 한다. 말을 들으면서도 정작 이해하지 못한다면 경청의 의미는 없다. 그리고 자기 방어적인 또는 타인에 대한 공격적인 자세가 아닌, 상대방을 정확하게 이해하기 위해 노력하는 자세가 필요하다.

"당신처럼 이기적인 사람은 없을 거다"는 공격적인 말을 할 때, "당신은 안 그런 줄 알아?"라며 자기 방어적, 타인에 대한 공격적 반응보다는 자신의 어떤 행동에 대해서 그렇게 느꼈는지를 진지하게 묻는 것이 문제 해결을 위한 좋은 자세다. 상대방의 말에 화가 치밀더라도 일단 한번 참아보자. 그래서 상대방과 좀 더 많은 얘기를 할 수 있다면, 뜻밖에 서로에 대해 알지 못했던 좋은 점을 발견할 수 있을 것이다.

대부분의 부부문제 전문가들은 부부관계에 부정적 감정을 불러일으키는 핵심요인으로 다음의 두 가지를 지적한다. 여자의 심한 잔소리와 남자의 무시하는 태도다. 갈등의 시작에는 여자의 비난하는 잔소리가 결정적인 역할을 하고, 그 잔소리를 무시해버리는 남자의 태도가 결국 싸움을 크게 만드는 것이다. 경청의 자세로 조금만 서로에게 귀 기울이면, 싸움이 아닌 사랑이 싹 틀수도 있는데 말이다.

● 진솔하게 대화하자

대화는 정확한 의사소통이 이뤄지도록 해야 한다. 하지만 많은 사람들은 원하는 것을 직접적으로 말하지 않고 애매모호한 방식으로 빙빙 돌려 밝히곤 한다. 그러다 상대가 자신의 기대에 부응하지 않으면 이를 자신에 대한 배려가 없다고 간주해 버린다. 이런 식의 의사소통은 문제 해결은커녕 감정 싸움으로 번져 서로에게 상처만 남긴다. 먼저 정확한 의사소통이 되기 위해서는 자신이 원하는 것을 상대방에게 정확히 전달하고, 또 상대방의 입장을 이해하기 위해 정확히 잘 들어야 한다. 그래서 좋은 대화법이란 "나는 ~하다"라는 식으로 자신의 느낌, 생각, 욕구와 소망을 명확하게 전달하는 것이다.

가족 간의 대화도 마찬가지다. 대다수의 사람들은 가족에게 자신이 원하는 것을 제대로 부탁하지 못한다. 그러면서도 "알아서 뭔가를 해주겠지"라며 은근히 기대하곤 한다. 하지만 대부분은 그런 기대를 충족시켜줄 만큼 민감하거나 섬세하지 못하다. 이런 상황을 타개할 수 있는 대화법이 바로 방금 설명한 '자신의 감정에 충실한 대화법'이다. 어떤 사안에 대한 감정을 표현할 때, 대부분의 사람들은 '당신이…'라는 말로 대화를 시작한다. 이것은 감정 상태의 책임을 온전히 상대방에게 전가하는 것이다. 이런 방법은 책임소재가 모호해지고 서로 순식간에 감정을 상하게 되는 공격적 대화법이 되기 쉽다.

● 대화할 때 신체 접촉을 하자

신체 접촉은 대화의 또 다른 수단이다. 말없이 두 손을 잡아주는 것만으로도 상황에 따라 "난 너를 믿어", "난 너를 사랑해"라는 메시지가 전달되기도 한다. 따라서 이런 적극적인 대화 행위들을 잘 활용하면 상대방에게 전달하려는 의도가 더욱 분명해진다. 사랑은 체온을 통해 온다. 손을 잡고, 어깨를 기대면서, 서로에 대해 더 큰 사랑을 느끼게 되는 것이다.

"Love is Touch"라는 존 레논의 노랫말은 실로 진실이다. 연인들 사이의 대화를 상상해보자. 대부분 신체 접촉이 동반되는 경우가 많다. 그만큼 대화의 몰입도도 증가하고, 서로에 대한 교감도 증대된다. 또 다른 예로 모유 수유를 들 수 있다. 모유 수유의 중요한 기능 중 하나는 아기와 엄마의 대화다. 모유를 먹기 위해 엄마 몸에 밀착한 아기에게 직접 전달되는 엄마의 심장소리와 엄마의 사랑 넘치는 말들은 아기를 엄마와 더욱 친숙하게 만들어주고, 자신이 사랑받고 있음을 느끼게 해준다. 이는 아기가 성장해서도 자존감 형성에 좋은 영향을 미친다.

가족은 서로의 체온을 느끼기 가장 쉬운 상대다. 한 집에서 한 방에서 마주하는 관계이기 때문이다. 하지만 반대로 서로의 체온과 멀어지면 또 너무 쉽게 관계가 멀어져 버릴 수도 있다. 굳이 신경 써서 만나지 않아도 잘 유지될 수 있다고 생각되는 사이가 가족이기 때문이다.

● 편안한 분위기에서 수다를 떨자

대화는 서로의 배려와 경청을 기본으로 한 상호작용이다. 그리고 편안한 분위기는 이런 상호작용의 정서적 교감을 더 쉽게 높이도록 도와준다. 대화가 부족한 가족이라면 그동안 대화 분위기가 편치 않았는지 고민해보자. 또 한 번쯤은 사회생활 할 때는 친구들과 동료들과 쉽게 하는 수다가 왜 집에서는 그렇게 어색할까 생각해보자. 혹시 상하식의 너무 강압적인 분위기였는지, TV 소리가 웅웅 대는 시끄러운 분위기였는지, 반성해볼 필요가 있다. 사람들은 흔히 상대방에게 일방적인 명령을 하는 것과 대화를 하는 것을 착각한다. 특히 상대방이 자신보다 낮은 위치에 있다면 이런 상황은 더욱 심해진다.

대화의 분위기가 편하다면 서로에게 조금 더 진솔해질 수 있다. 식사자리에서 대화를 시작하는 것도 한 방법이다. 어색한 분위기도 줄일 수 있고, 맛있는 음식을 먹을 때는 기분도 좋아져 마음이 편안해진다는 장점도 있기 때문이다. 이 같은 간단한 변화만으로도 가족 간 대화의 물꼬를 틀 수 있다. 편안한 분위기가 갖추어졌다면 일상적인 이야기로 대화를 시작해보자.

서로의 교감이 이뤄질 수 있는 쉬운 주제가 이때의 대화의 주제로 적합하다. 인생관이라든지, 진로 문제라든지 하는 무겁고 진중한 주제는 피하는 편이 좋다. 가벼운 주제로 수다를 떠는 것만큼 기분 좋은 대화는 없다. 중요한 것은 편안하지 않은 분위기에서 억지로 대화의 기회를 만들지는 말고, 자연스러운 순간의 감정에 충실하게 수다 떠는 것이 대화의 물꼬를 여는 방법이라는 점이다.

건전한 생활습관 2 - 즐거운 여가생활

"휴식은 대나무의 마디와 같다. 마디가 있어야 대나무가 성장하듯 사람도 쉬어야 강하고 곧게 성장할 수 있다." 일본의 한 기업가가 휴식의 중요성을 빗대어 한 말이다. 우리도 주 5일 근무제가 시행되면서 여가생활을 즐길 수 있는 시간이 늘어났다. 많은 사람들이 '무엇을 하며 재미있게 놀 수 있을까'에 대한 행복한 고민을 시작하게 된 것이다. 하지만 "지금 당신은 만족할 만한 휴식이나 여가활동을 하고 계십니까?"라는 질문에 망설임 없이 "네"라고 답할 수 있는 사람이 과연 몇이나 될까?

원래 여가Leisure란 그리스어로 평화, 평온, 자기계발의 의미를 갖고 있는 스콜레Scole에서 유래된 말이다. 그리고 그리스시대에서 여가란 자신의 영혼을 정화하는 시간이자 활동이라는 뜻으로 사용됐다. 그러나 시대가 변하면서 자기발전, 자아실현의 적극적 의미보다는 스트레스 해소의 소극적 의미로 변질됐다. 한의학은 이를 심신의 학이라 한다. 몸의 병 못지않게 마음의 병을 중요하게 여긴다는 의미이기도 하며, 또 몸과 마음은 서로 연관되어 영향을 줄 수 있음을 나타내기는 말이기도 하다.

《동의보감》에는 "병을 치료하려면 먼저 그 마음을 다스려야 한다"라는 말이 있다. 몸만 편안히 쉬게 하는 것이 아니라, 그동안 피로해진 마음과 두뇌도 함께 쉬어야 비로소 전체적인 건강을 유지할 수 있다는 얘기다. 따라서 한의학에서는 여가생활이 자기발전이 아니어도 좋다. 단지 제대로 된 휴식을 통해 스트레스 해소만이라도 잘할 수 있다면 좋은 것이다.

● 여가는 즐거움이다

휴일 동안 신나게 놀고 난 후에 느끼는 왠지 모를 공허감, 무엇인가 빠뜨린 것 같은 허전함은 왜일까. 성공적인 여가를 위해서 가장 먼저 해야 할 일은 여가에 대한 인식의 전환이다. 일반적으로 여가란 무조건 신나게 놀아야 한다고 생각한다. 특히 여가증후군은 휴가를 무의미하게 보낸, 즉 강한 자극의 추구만으로 시간을 채운 사람들에게서 주로 나타난다. 이들의 공통점은 갑자기 나에게 주어진 자유시간을 어떻게 사용해야 할지 모른 채, 그저 놀고 먹고 마시는 것에만 집중했다는 데에 있다. 결국 잘못된 여가 보내기 후유증으로 남는 것은 지독한 여가증후군뿐이다.

바쁜 일상생활 속에서 잠시 나를 바라볼 수 있는 휴식, 무위無爲에서 오는 자유감, 자유시간 동안 빈둥거릴 수 있는 게으름 등도 아주 훌륭한 여가활동이 될 수 있다. 여가는 스트레스를 해소하기 위한 '수단'이 아니라 우리가 궁극적으로 살아가야 하는 '목적'이라는 사실에서 모든 활동이 여가가 될 수 있다.

무엇인가 거창한 활동을 해야 한다는 생각에 사로잡혀 있다면 아직 쉴 준비가 안 되어 있는 것이다. 느긋한 여유를 갖고 여가활동 그 자체에서 주어지는 재미와 즐거움에 대해 이해하자. 그것을 느끼는 것 못지않게 그 이후의 프로그램을 잘 즐기는 것도 중요하다.

등산을 예로 들어 보자. 등산을 여가활동으로 즐기는 많은 사람들 중에서 등산 그 자체가 주는 즐거움보다는 등산 후의 부수적인 활동 즉 사우나, 맥주 마시기, 식사하기, 가족 간의 시간 등이 즐거워서 등산에 참여하는 사람도 있다. 부수적인 활동 자체가 여가활동을 이끌어 주는 원동력이 된다면 그것도 전체적인 여가에 포함시켜 즐기면 된다.

● 무작정 시작하자

무엇을 시작해야 되는지도 모르겠다면 일단 내가 좋아하는 것부터 시작하면 된다. 내가 좋아하는 것은 그 활동에 완벽하게 몰입될 가능성이 크다. 또 자신을 잘 드러낼 수 있는 것이며, 지금 당장 시작할 수 있기 때문이다. 새로운 변화를 원하는 자기 내면의 소리에 귀를 기울이고, 아무 생각 없이 일단 일을 저질러보라.

아무리 내가 하고 싶은 여가활동이 있다 하더라도 지금 당장 시작하지 않으면 평생 그것을 하지 못했다는 아쉬움 속에서 인생을 마감할 수도 있다. 시간과 돈이 없다는 것은 '여가를 즐기는 것이 귀찮다'는 핑계일 뿐이다. 여가는 시간을 억지로 내거나 값비싼 돈을 들여서 참여해야만 만족과 행복을 느끼는 것이 아니다.

혼자서 못하겠다면 다른 이들이 하는 여가활동을 무작정 따라

해보는 것도 좋은 방법이다. 그 일에 대한 부정적인 마음을 갖기 보다는 그 속에서 즐거움과 재미에 대한 이유를 찾고, 그 활동을 즐기고자 하는 노력이 필요하다. '주스가 반 잔이나 남았네' 와 '주스가 반 잔밖에 없네'에는 커다란 차이가 있다. 때문에 모든 활동을 함에 있어서 긍정적인 마인드를 갖는 것이 필요하다. 이는 즐거운 여가를 보내는 데 있어서도 매우 중요하다. 전시회도 가보고, 주말농장도 가보고, 소설책이나 영화에 나오는 주인공의 행동을 따라하는 것도 하나의 여가활동이 될 것이다.

● 가끔은 새로운 방법으로 쉬자

모 리서치 조사에 따르면 우리 국민들은 대부분의 여가시간을 TV 시청, 라디오 청취 등으로 보낸다고 한다. TV 시청을 제외하고 몸으로 활동하는 여가에는 목욕, 사우나, 외식, 쇼핑, 노래방 가기, 영화 보기, 음주, 사교모임 등으로 대부분 실내 여가공간(찜질방, 노래방, 극장, 음식점, 술집)에서 이뤄진다고 한다. 옥외활동 중에는 유일하게 산책이 포함되어 있다.

여기에서 우리나라 국민들은 집을 제외한 여가공간으로 특정한 실내공간을 선호하는 경향이 있다는 점을 알 수 있다. 또한 이는 야외공간보다는 제한된 실내공간 중심의 '장소 귀속적 여가' 성향으로 특징지을 수 있다. 옥외활동도 거주지나 일터의 생활권 내에서 이뤄지는 '생활권 중심 여가' 성향을 보였다. 틈틈이 즐기는 여가로 이런 '생활권 중심 여가'가 나쁘지는 않다. 하지만 늘어난 주말시간마저 이런 식으로 보낸다는 것은 어쩐지 좀 아깝다는 생각이 든다.

능력 위주의 경쟁 사회에서 주말을 이용한 자기계발은 권고가 아닌 필수가 되었다. 이러한 현실을 무심히 넘길 수만은 없는 일이 아닌가. 이런 자기계발도 하나의 여가활동이 될 수 있다. 좋아하는 일, 재미있어 하는 일을 할 때 느끼는 만족감이야 말로 진정한 행복이다. 늘어난 주말 여가시간을 자신의 행복과 발전의 기회로 삼는다면 개인적으로도 커다란 만족을 느끼게 될 것이다. 평소에 하고 싶었지만 시간이 없어 할 수 없었던 가족과의 주말여행이나 동호회, 문화생활, 학원 수강도 좋은 계획이다. 적성에 맞고 재미있는 것을 찾아 즐기다보면 어느새 장단점을 파악할 수 있다. 이를 바탕으로 자신의 일과 연관된 아이디어가 생긴다면, 그것만큼 훌륭한 자산이 또 어디 있겠는가.

건전한 생활습관 3 - 행복한 식사

건강을 지키는 데 있어서 식사 만한 것이 없다. 예로부터 동서양 할 것 없이 그 중요성을 강조하고 있다. 서양의학의 시조 히포크라테스Hippocrates도 "먹거리로 고치지 못하는 병은 의사도 치료하지 못 한다"라는 말을 남겼을 정도다. 이는 《동의보감》에 "신체를 편안하고 건강하게 지키는 바탕은 올바른 식사에 있다"라는 말과 일맥상통한다.

지금도 마찬가지이다. 음식의 중요성은 누구나 알고 있다. 서점에 나가 보면 온통 음식에 대한 이야기다. 농약과 중금속, 환경 호르몬 등에 오염된 음식을 나열하고 이런 것들을 적극적으로 피하라고 조언해주는 친절한(?) 책들 일색이다. 무엇을 먹고 무엇을 피하는지는 친절하게 설명해주지만 정작 어떻게 먹으라고 설명해주는 책은 찾아보기가 힘들다.

먹는다는 것은 무엇을 먹느냐도 중요하지만, 먹는 과정을 올바르게 하는 것도 중요하다. 물고기를 잡아주기보다는 물고기 잡는 법을 가르쳐주라고 하지 않았던가? 다행히도 식사에 있어 올바른 식사습관은 의외로 쉽다. 귀 아프게 들었던 얘기들, 상식들을 다시 글로 옮긴다는 것이 오히려 민망할 정도이다. 하지만 건강에 있어 식습관은 그만큼 중요하기 때문에 눈 아픔을 감수하고 머릿속에 각인해야 한다.

● 규칙적인 식사습관을 갖자

인체 내의 대사는 모두 일정한 리듬을 갖고 있으며, 규칙적인 식사는 바로 체내 대사의 리듬을 적절히 조절할 수 있게 해준다. 규칙적인 식사란 몸에서 음식물이 필요할 때 적시에 제공해줄 수 있는 식사를 말한다. 가장 이상적인 규칙적 식사는 하루 5~6끼를 적정한 양으로 제공해주는 것이다. 하지만 하루에 5~6끼를 나누어 식사한다는 것은 시간적으로 비효율적이고, 매우 번거로운 일이다. 그렇기에 오래 전부터 우리의 몸은 하루 세 끼를 먹는 것으로 길들여져 왔다. 지금도 하루 세 끼를 먹는 것을 보편적인 식사로 생각하고 있다.

최근에는 수면 부족과 다이어트 등의 이유로 하루 세 끼의 식사도 불규칙하게 하는 사람이 많다. 이렇게 균형과 규칙적인 식생활이 깨진 상태가 유지된다면 우리의 위장은 심한 스트레스 상태에 빠지게 된다. 만성적인 위염이나 위궤양의 반복과 기능 저하 상태로 빠진 위질환의 대다수의 원인은 불규칙한 식사습관 때문이라는 것을 결코 간과해서는 안 된다.

● 소식하자

과식의 사전적 정의는 '생리적 요구량 이상으로 음식물을 섭취하는 일'이다. 이는 식욕이 보통 이상으로 높아진 경우에 발생한다.

음식물은 일정량까지는 체내에서 조절 기능이 작용하기 때문에 비만의 원인이 되는 정도로 그치지만, 과도하면 소화흡수율이 저하돼 배변량이 많아지고, 극도에 달하면 위장에 장애를 일으켜 설사를 하게 된다.

과잉의 시대, 불균형의 시대이다. 모든지 풍족하기는 하지만 나에게 필요하지 않는 것은 넘치고 필요한 것은 부족한 불균형이 문제다. 애정 결핍, 감성 결핍 등을 넘치는 열량으로 극복하려는 잘못된 습관이 과식을 초래하곤 한다. 과식 자체가 건강에 안 좋은 것은 절대적인 사실이다.

● 자극적인 음식을 피하자

미디어를 통해 어떤 식품이 몸에 좋다고 하면, 그 다음날 전국 마트에서 그 식품은 바로 품절되곤 한다. 하지만 좋은 식품도 조리법이나 먹는 방식에 따라 독이 될 수 있다는 것을 알아야 한다.

• 싱겁게 먹자

가장 대표적인 나쁜 식습관이 짜게 먹는 것이다. 최근 고혈압학회의 조사에 따르면 우리나라 성인 인구의 약 25%가 고혈압 환자로 추정된다고 한다. 세계적으로 봐도 우리나라 사람들은 세계보건기구의 1일 소금 섭취 권장량보다 두 배나 더 많은 소금을 먹는다. 소금의 1일 영양권장량은 6g이지만 우리나라 사람들의 실제 섭취량은 15~20g이 넘는다.

짜게 먹게 되는 '사소한' 습관은 고혈압 발생률을 높이고, 그로 인한 뇌출혈과 사망률도 덩달아 올린다. 혈압을 올리는 것은 소금의 주성분인 나트륨^{Na}이다. 나트륨이 혈액 내에 많아지면 물을 끌어들여 혈액 부피가 커지게 되고, 당연히 혈관은 더 많은 압력을 받게 돼 고혈압이 된다.

고혈압 환자가 가장 먼저 해야 할 일은 식습관을 바꾸는 것이다. 나트륨 섭취를 줄이기 위해선 먼저 채소와 과일에 친숙해져야 한다. 음식을 조리할 때에도 레몬과 식초 등 신맛을 활용하거나, 향이 강한 향신료를 쓴다면 소금을 적게 넣고도 음식 맛을 살릴 수 있을 것이다. 당 대용으로 올리고당이나 자일리톨이 보편화된 것처럼 외국에서는 저나트륨 소금이나 대체소금이 널리 사용된다.

소금의 질에는 엄연한 차이가 있다. 사소해보일 수 있는 선택이 식생활의 안전을 크게 좌우할 수 있다. 소금은 크게 천일염과 정제염으로 나눌 수 있다. 꽃소금, 굵은소금 등 천일염은 청정지역에서 만들어진 소금답게 다량의 미네랄을 함유하고 있다. 하지만 맛소금은 정제염으로 염화나트륨, 표백제, 습기방지제를 주성분으로 한다.

우리나라에 고혈압과 위암 환자의 비율이 높은 이유는, 바로 이런 정제염을 많이 섭취했다는 데에 있다.

음식을 짜게 먹는 사람의 경우에는 나트륨의 독소를 배출시킬 수 있는 채소, 과일, 조, 수수 등의 고칼륨식품을 자주 섭취하자. 또한 베이킹파우더, 햄, 아이스크림, 감미료, 조미료 등 가공식품은 나트륨 함량이 높기에 되도록 피하는 것이 좋다.

• 설탕은 피하자

설탕이 몸에 좋지 않다는 것은 상식이다. 하지만 설탕을 먹지 않고 산다는 것은 현실적으로 불가능한 얘기가 됐다. 우리가 먹는 모든 가공식품에는 설탕이 들어가 있다. 단지 그 양이 다를 뿐이다. 빵에는 약 15%, 콜라 13%, 케첩 27%, 아이스크림에는 23~33% 정도의 설탕이 들어간다. 설탕의 1일 영양 권장량은 50g이지만 우리나라 사람들의 실제 섭취량은 100g이 넘는다고 한다.

사실 설탕을 만드는 사탕수수 자체는 나쁜 것이 아니다. 오히려 자연으로부터 얻은 섬유질, 비타민, 미네랄이 다량으로 함유된 영양식이다. 다만 이것을 먹기 좋고 보기 좋도록 정제하고 표백하는 과정에서 원래 영양소들은 모두 제거되고 당분만 남은 화학물질(설탕)로 변하게 된다.

설탕을 과다하게 섭취할 경우, 사람의 면역력을 크게 저하시킨다는 이야기는 이미 여러 연구 결과와 논문들로 증명되었다. 과한 설탕 섭취는 위액 분비를 지나치게 촉진시켜 물리적으로 위를 팽창시키고 위경련을 유발하기도 한다. 또한 인체로 흡수된 설탕의 양이 너무 많아지면 혈당이 급속하게 높아진다. 이를 정상치로 끌어내리기 위해 많은 양의 인슐린이 빠르게 분비되면서 우리 몸은 저혈당 상태가 되는 것이다.

이 때문에 설탕을 먹은 지 2~5시간 뒤면 오히려 먹기 전보다 더한 허기와 공허감을 느끼게 된다. 이는 곧 비만의 원인이 된다. 배가 고프다고 설탕이 많이 든 음식을 계속 먹을 경우는 어떨까? 설탕은 흡수가 빨라 혈당치가 급속하게 오르내린다. 때문에 세포의 에너지 부족 현상이 나타나 쉽게 피곤해지고 집중력도 떨어진다. 더 나아가 설탕의 지나친 섭취로 인해 남아도는 중성지방이 혈관 벽에 달라붙어 혈관이 가늘어지면, 혈액순환도 잘 되지 않는다.

이런 혈액순환 악화는 '냉증'을 초래하기도 한다. 그리고 자제력이 없어져 작은 일에도 벌컥 화를 내기 쉬운 상태로 변한다. 유독 설탕을 자주 찾거나 설탕 성분을 먹은 뒤 몰라보게 기분이 좋아진다면 반드시 설탕을 줄이도록 하자.

설탕 섭취를 줄이기 위해서는 먼저 설탕을 대신할 수 있는 대체당으로 천연당인 올리고당, 꿀, 조청 등을 이용하는 것이 좋다. 이 천연당은 단맛 이외에도 여러 영양소들을 함께 제공하므로 더욱 건강한 식생활을 할 수 있게 도와준다. 또한 사탕수수에서 정제를 최소화한 거친 설탕이나 유기농 설탕을 이용하는 것도 방법이다. 대체당인 아스파탐의 경우는 신중히 사용해야 한다. 부작용이 있기 때문에 질병을 가진 사람들은 되도록 섭취하지 않는 게 좋다.

설탕에 대해 잘못 알려진 상식들

설탕을 많이 먹으면 당뇨병에 걸린다 생각하는 사람이 많다. 그러나 당뇨병은 우리 몸에서 어떤 이유로 높아진 혈당을 조절하는 인슐린에 이상이 생겨 혈액 중 처리되지 못한 당분이 떠돌게 되면서 신체 각 부분에 필요한 영양소를 공급하지 못해 발생하는 병이다. 당뇨병은 우리 몸에서 포도당을 제대로 처리하지 못해 생기는 질병이다. 설탕의 양이 직접적인 원인이 되는 질병이 아니다.

흰설탕보다는 흑설탕이 좋다고 믿는 사람도 있다. 이 역시 잘못된 상식이다. 흑설탕에는 미량원소와 각종 불순물이 더 들어 있어 흰설탕과 별반 다르지 않다. 설탕이 많이 들어 있는 청량음료 대신 설탕이 적게 들어 있는 과일주스를 선택하는 소비자 역시, 설탕에 대해 잘못 이해하고 있는 경우다. 무가당주스건 가당주스건 일부 제품엔 설탕이 많이 들어 있는 대표적 청량음료인 콜라보다 더 많은 양의 설탕이 들어 있다.

설탕이 전혀 없다고 가정한다고 하더라도 과일 자체의 당 역시 많은 양이 우리 몸에 갑자기 들어갈 경우 인슐린의 분비를 촉진시키기는 마찬가지다. 다만 과일 속에 들어있는 섬유질이 설탕의 흡수속도를 줄여주기 때문에 주스보다는 과일을 통째로 먹는 쪽이 바람직하다.

• 가공식품과 간식은 피하는 것이 좋다

많은 사람들은 청소년들의 평균 신장이 갈수록 커지고 있을 것이라고 생각한다. 하지만 꼭 그렇지 않다. 교육인적자원부가 발표한 자료에 따르면 2005년 초·중·고 전체 여학생 평균 신장은 146.72㎝로 2004년보다 0.03㎝ 줄었다. 발육 전문가들은 "운동은 안 하고 컴퓨터 등 야간활동이 많아지면서 성장호르몬 분비가 억제됐기 때문"이라며 "당분의 과다 섭취와 인스턴트 간식을 선호하는 잘못된 식생활도 한 원인"이라고 지적한다.

여기에서 간식 자체가 문제가 아니라 이 간식에 들어가는 수십 종의 화학첨가물이 문제가 된다. 이런 화학첨가물은 우리 입맛에 딱 맞게 적절히 자극적이다. 간식으로 흔히 먹는 과자나 초콜릿은 맛이 좋고 열량이 높아 아이들이 절대적으로 선호하는 음식이다.

공장에서 제조되는 과자는 원가를 절감하기 위해 값이 싼 수입 밀가루를 사용한다. 수입 밀가루는 장기간 저장하기 위해 다량의 살충제를 쓰고 있으며, 농약이나 화학비료를 사용한 것이 많다. 게다가 우리나라에서 만들어지는 과자에는 '아황산계 표백제' 같은 첨가물이 무려 348종이나 들어간다. 한 과자마다 원재료 외에도 최소한 수십 가지 첨가물이 들어가 있다.

첨가물은 과자를 만드는 천연물질 외에 보존성을 높이고 맛, 향, 외관 등을 개선하기 위해 첨가하는 물질이다. 또한 이런 화학첨가물로 인한 면역저하, 발육장애, 난폭증, 비만 등의 부작용이 나타나고 있다. 간식으로 과자나 아이스크림 등의 가공식품을 꼭 피해야만 우리 몸의 건강을 지켜낼 수 있다.

● 천천히 먹자

뇌의 시상하부란 곳에는 포만 중추가 있다. 배가 고픈 상태에서 식사를 하고 난 후 20분이 지나야 포만 중추가 배가 고프지 않다는 것을 느끼게 된다. 따라서 음식을 급하게 먹게 되면 먹을 만큼 먹었는데도 불구하고 미처 뇌가 이를 인지하지 못해 더 먹게 된다. 천천히 먹는 습관은 과식과 폭식을 예방하는 좋은 습관이다. 여러 가지 방법이 있겠지만, 그 중 즐거운 마음으로 식사하며, 대화하며 식사를 하는 것이 가장 쉽고 빠른 방법이다.

먼저 식사 중에는 가벼운 일상 얘기로 대화를 시도해보자. 맛있는 음식을 먹을 때는 누구나 기분이 좋아지기 때문에 무거운 주제만 아니라면 긍정적인 대화를 나눌 수 있고, 말을 하다보면 자연스럽게 식사하는 속도도 늦어지게 된다. 식사시간이 5분 이내인 사람들은 좀 더 극단적인 방법을 써야 한다. 시계를 식탁 위에 놓고 식사해보자. 현재 본인의 식사시간보다 5분 정도 늘려서 식사시간을 잡고, 시계를 보면서 조절해 나가는 것도 좋은 방법이다.

처음에는 5분이 남은 순간 밥이 한 숟갈밖에 안 남은 경우도 생길 것이다. 하지만 점차적으로 눈앞의 시간에 맞추어 의식적으로 식사시간을 늘리다 보면 자연스럽게 천천히 식사하는 습관을 갖게 된다.

● 함께 식사하자

컬럼비아·미네소타·하버드대학교의 조사 결과 가족과 식사를 자주 하는 청소년은 그렇지 않은 청소년보다 여러 모로 큰 차이를 보였다. 흡연, 음주, 마약에 빠지는 비율은 낮고 성적은 높았다. 어휘력과 단어 구사력은 뛰어났고, 생활 스트레스는 덜 받는다고 한다. 과일과 채소를 1.5배 많이 먹고 필수영양소 섭취도 가족식사 횟수에 비례해 높았다.

미국 주州정부들은 9월 넷째 월요일을 '가족의 날'로 정해 저녁식사를 함께 하라고 장려한다. 가족의 날은 미국보다 우리가 더 아쉬운 형편이다. 잦은 야근과 회식, 끝도 없는 과외로 부모나 자식들이 하숙집처럼 제각기 집을 드나드는 게, 우리네 가정이다. 혼자서 밥을 먹는 아이들은 더 심각한 정서적 문제를 보였다.

혼자 식사하는 아이들 대부분이 "쓸쓸하다", "외롭다", "밥맛이 없다" 등과 같은 말로 식사할 때의 기분을 표현한다. '밥상공동체'를 통해 함께 살아가는 이들에 대한 관심과 애정을 가질 수 있다고 한다면, 그것은 '횟수'의 문제가 아니다. 한 달에 한 끼를 같이 먹더라도 '밥상공동체'의 의미를 나누는 가족이 있는 반면, 매일 밥상에 같이 앉더라도 유대감이나 애정을 교류하지 못하는 가족도 있다.

밥상공동체란 단지 '다 차려진' 밥을 함께 먹는 것을 의미하지 않는다. 한 끼의 식사를 준비하기 위해 시장을 보고, 음식을 만들고, 그것을 함께 먹고, 치우고, 설거지를 하는 모든 과정을 함께 참여해야 한다. 또한 이런 식사예절이 밖으로까지 이어져 외식예절과도 연계돼야 한다.

'가족과의 식사'는 이렇듯 같이 식사하는 동안 형성되는 음식의 성향으로 가족 구성원의 건강뿐 아니라 식사 시의 예절, 식사 방식 등 구성원의 사회적 건강까지도 연결되는 광범위한 건강습관을 만들어 나가는 시작점이다.

가끔은 외식도 활용하자

외식을 자주 하는 아이들은 영양 불균형과 성장 발육에 문제가 있을 수 있다는 보고가 있다. 그러나 외식 자체가 이러한 문제를 가져오는 것은 아니다. 영양 불균형은 외식의 문제라기보다 편식의 문제다. 대부분의 외식에서 기호식만 찾고 매운 음식, 자극적이고 단 음식들을 먹게 되며, 따라서 편식할 확률이 높아진다. 이런 외식을 주식으로 하게 되면 건강에 문제가 올 것은 자명한 일이다.

그러나 가끔씩 가족들끼리 좋은 기분에 하는 외식은 문제가 없다. 아무리 자극적이고, 몸에 나쁘다는 인스턴트 음식을 먹는다고 해도 문제되지 않는다. 가끔씩 먹는 몸에 나쁜 음식은 좋은 기분, 분위기 등으로 해독이 되기 때문이다. 맛없는 음식이라도 좋아하는 사람, 사랑하는 사람과 먹으면 맛있고, 아무리 몸에 좋고 맛있는 음식이라도 싫은 사람과 먹으면 독이 될 수 있고, 맛이 없을 수도 있기 때문이다.

또한 집에서 먹는다고 해서 항상 영양이 고루 갖춰진 식사를 한다고는 할 수 없다. 오히려 외식을 통해 집보다 좋은 식사를 더 적은 수고와 비용으로 할 수도 있다. 따라서 외식의 장점을 잘 살려 이왕 외식을 하려면 올바른 외식습관을 갖는 것이 중요하다.

● 골고루 먹자

편식은 각 영양소의 결핍증과 과잉증을 유발한다. 라면과 김치만 먹어도 열량은 공급되나 단백질, 무기질, 비타민 같은 영양소 섭취는 부족해진다. 영양의 편중을 막기 위해서는 한 끼당 두 가지 이상의 나물과 두부, 그리고 생선, 고기 등의 단백질 식품으로 반찬을 만드는 한식이 가장 좋다. 한의학에서는 한식 중에서도 오행을 갖춘 음식이 건강에 좋다고 말한다.

한의학에서는 자연이나 인체 내부에서 '목화토금수木火土金水' 오행이 갖춰진 것을 이상적 모습으로 본다. 음식도 마찬가지이다. 목화토금수 오행이 갖춰진 음식을 먹는다는 것은 인체 내부의 오장 기능을 향상시켜, 건강한 삶을 살 수 있음을 의미하기 때문이다.

청색은 목木의 기운으로 간장과 통한다. 간肝은 우리 몸의 피로를 다스리는 장기다. 적색은 화火의 기운으로 심장心臟과 통한다. 심장은 피의 순환을 통해 다른 장기의 기능을 유지하게끔 해주는 기관이다. 황색은 토^土의 기운이고 비^脾, 위장^{胃腸}과 통한다. 비 위장은 소화 기관으로 음식물을 섭취·배설하는데 중요한 역할을 한다. 또 소화 기능을 통해 얻어진 에너지로 신체를 유지한다. 백색은 금^金의 기운으로 폐장^{肺臟}과 통한다. 폐장은 기운의 순환을 돕고, 우리 몸의 면역력에 관계하는 장기다. 흑색은 수^水의 기운으로 신장^{腎臟}과 통한다. 신장은 선천의 정기를 담고 있는 기관으로 피를 맑히고, 몸을 정갈하게 만들어주는 작용을 한다.

음식이 가진 색으로 건강식 찾기

피곤함을 없애 주는 청색(녹색)

· 피망, 시금치, 양배추, 부추 등

피의 기운을 도와주고 심장의 기능을 좋게 해 피의 순환을 돕는 적색

· 고기, 붉은살생선, 당근, 토마토, 딸기 등

에너지를 생성해 지구력을 키워주는 황색

· 계란, 된장, 청국장, 오렌지, 호박, 고구마 등

활동을 유지하는 기운의 순환을 돕고 면역력과 저항력을 키워주는 백색

- 밥, 빵, 우유, 두부, 감자, 바나나, 사과 등

피를 맑게 하고 몸을 해독해주는 흑색

- 미역, 다시마, 김, 표고버섯, 검은깨 등

건전한 생활습관 4 - 운동습관

《동의보감》은 운동의 중요성에 대해 "아무리 매일 음식을 먹어도 양생하는 방법을 알지 못하면 역시 오래 살기가 힘들다. 양생하는 방법은 항상 가벼운 운동하고 너무 피로게 하지 않는 것이다. 대체로 흐르는 물이 썩지 않는 것과 문지도리가 좀먹지 않는 것은 그것이 움직이기 때문이다"라고 강조한다.

현대인들은 웬만한 거리는 차를 이용하고, 사무실에서는 하루 종일 앉아서 일한다. 그러다보니 20~30대에 나타나는 5대 질병에 디스크와 요통이 포함될 정도이다. 이처럼 현대인들은 힘들게 움직이지 않아도 되는 '편안한 환경'을 추구한 결과, 결국 따로 시간을 할애해 운동하지 않으면 안 되는 결과를 낳았다.

운동 부족은 점진적으로 병에 대한 저항력을 감소시키고 비만,

당뇨병, 고혈압, 심장병 등의 생활습관에서 유래되는 병의 중요한 원인이 되고 있다. 무엇보다 설탕, 소금, 간식 등의 섭취에서 발생하는 독소를 해독하는 데에는 운동을 통한 땀으로 노폐물을 배설하는 것이 최선이다.

가벼운 피로로 시달리고 있는 사람들은 아직도 신체 기능의 저하가 가져 올 심각성을 모른다. 그러나 몇 년 더 시간이 지나 장기간 운동 부족이 계속되면 생활의 질이 떨어질 뿐만 아니라, 여러 질병을 빨리 발병케 하는 원인이 된다. 우리 몸이야말로 뿌린 대로 거두는 가장 정직한 밭이기 때문이다.

운동은 신체를 건강하고 젊게 만들 뿐 아니라 질병을 예방하고 치료해준다. 운동 효과가 입증된 질병은 고혈압, 당뇨, 고지혈증, 비만 등 다양하다. 동맥경화에 의한 질병, 즉 협심증과 중풍도 예방한다. 최근엔 직장암, 유방암 등 각종 암에 대한 예방 효과도 점차 입증되고 있다.

특히 심리적으로 좋은 영향을 미쳐 우울과 불안증을 감소시키고 자신감을 향상시켜 사람을 활달하게 만든다고 한다. 또한 운동을 하면 성장 호르몬과 성 호르몬도 증가한다. 이들 호르몬이 많이 분비되면 근육이 커지고, 뱃살이 들어가며, 운동에 필요한 열량 생산이 증대된다. 외에도 운동의 긍정적 효과는 일일이 나열하기 힘들

정도로 많다. 이는 모든 사람들이 다 알고 있는 사실이기도 하다. 바쁜 생활 중에 어떻게 시간을 내야 하고, 어떻게 생활해야 하는지가 문제이자 걱정인 것이다.

● 규칙적으로 운동하자

운동은 일반적으로 양보다 빈도가 더욱 중요하다. 주 3회 30분씩 운동하는 사람과 주 1회 90분 운동하는 사람 간의 운동 효과를 비교해보면 주 3회 운동하는 사람의 효과가 더 높다. 운동은 '운동 → 회복 과정 → 적응 과정'을 거친다. 신체 각 기관의 운동 능력이 향상되는데, 일주일에 1회만 할 경우 이런 단련 과정의 효과가 떨어진다. 심폐지구력을 강화하고 성인병을 예방하기 위해서가 아니더라도 운동은 주 3회 정도를 꾸준히 해주는 편이 좋다.

꾸준히 운동하면 젊어질 수 있다고 밝히는 논문은 무수히 많다. 60~70대의 노인들에게 6개월간 운동을 시켰더니 심장과 폐기능이 30%가량 향상됐다는 연구 결과도 있다. 심지어 지팡이를 짚어야 거동할 수 있던 90대 노인 9명에게 두 달간 운동을 시켰더니, 근력이 70%가량 좋아져 걷는 속도가 50% 이상 향상됐다고 한다. 신경전달속도 역시 운동을 하는 사람들은 그렇지 않는 사람에 비해 25% 정도 더 기능이 좋은 것으로 나타났다.

운동이라고 하면 1~2시간 헬스클럽에서 러닝머신을 뛰고, 근력 운동을 해야 한다 생각하는 사람이 많다. 하지만 하루 중 아무 때나, 직장인이라면 퇴근 후 가벼운 옷차림에 편한 운동화를 신고 30분씩 동네를 산책하는 것을 매일 반복한다면, 비싼 헬스클럽에 간혹 가서 1~2시간 뛰는 것보다는 더 좋은 효과가 나타난다는 것을 알아야 한다.

단, 가벼운 옷차림과 편한 운동화(신발)를 착용하는 것이 좋은데, 이것은 몸의 긴장을 풀어주는 역할을 하기 때문에 운동 효과를 증진시켜준다.

● 재미있게 운동하자

운동을 습관화해야 한다. 적어도 6주 이상 해야 효과가 난다. 조급한 것은 금물이다. 많은 사람들이 건강을 목적으로 운동을 하면서 조급하게 그 효과를 기대하는 경향이 있다.

그보다 문제인 것은 오래 하지 못할 운동을 선택해, 단기간에 포기하고 마는 경우이다.

'노는' 맛이 있어야 운동도 즐겁다. "어떤 운동이 좋을까요?" 하며 묻는 환자에게 나는 항상 "무엇을 배우고 싶나요?"라고 반문한다. 수영이 배우고 싶었다면 수영을 하고, 스쿼시가 배우고 싶었다면 스쿼시를 하고, 인라인 스케이트가 좋다면 그것을 하라고 말한다. 건강을 위한다는 대의명분을 앞세워 재미없는 근력운동과 러닝머신을 뛰는 것은 고역이나 다름없다. 초기에는 건강 때문에 어쩔 수 없이 하겠지만 지속적으로 운동하기는 힘들다.

그렇기에 운동이 필요한 사람에게는 운동에 재미를 가미한 레포츠를 추천한다. 즐거움도 느끼고 운동 효과도 볼 수 있다면, 1석 2조이기 때문이다.

● 다양한 방법으로 운동하자

운동도 편식하지 말아야 한다. 차를 고장 없이 잘 관리하기 위해서는 엔진(심폐 기능)과 차체(근육, 골관절)가 좋아야 하고, 가동성을 높이기 위해 기름(유연성)도 잘 쳐야 한다. 몸도 마찬가지이다. 운동도 여러 가지를 다양한 방법으로 해주는 것이 좋다.

우리 몸의 엔진을 좋게 하는 것이 바로 유산소운동이다. 이에는 빠르게 걷기, 수영, 자전거 등이 있다. 또 차체를 좋게 하려면 근력운동을 하는 것이 좋다. 보통 유산소운동은 주 3~5회, 근력운동은 2~3회 실시하는 것이 좋다. 유연성을 높이려면 스트레칭을 해야 한다. 유연성이 좋아지면 운동으로 인한 몸의 손상을 예방하는 것은 물론 칼로리 소모도 높아진다.

유산소운동, 근력운동, 유연성운동 등 그 방법에 대해서는 널리 알려진 상식 중 자신에게 맞는 것을 찾아 따라해보면 된다. 중요한 것은 그 세 가지 운동을 편식하지 말고 골고루 꾸준히 해야 한다는 것이다.

● 주말을 이용하자

건강을 지키기 위해서 주말을 활용하는 것도 좋다. 특히 가족과 함께 '주말운동족'에 동참하면 가족 간 유대감도 증대되고 건강도 지킬 수 있다. 하지만 주중에 못한 운동을 주말에 몰아서 하겠다는 생각은 위험하다. 특히 나이가 많을수록, 성인질환이 있는 사람일수록, 평소 운동을 하지 않은 사람일수록, 너무 과도한 주말운동은 피해야 한다. 무엇이든지 과하면 모자람만 못한 법이다.

주말운동은 주중에 비해 좀더 긴 시간 할 수 있는 종목이 좋으며, 혼자서 하는 종목보다는 함께 즐기며 할 수 있는 종목을 택하는 것이 지루하지 않게 운동할 수 있는 비결이다. 여기에 근력운동을 주중에 1~2회 정도 더 해준다면 심폐지구력과 근력 향상에 큰 효과를 볼 수 있다.

● 운동량은 서서히 늘리자

운동 효과는 한 번 생기면 지속해서 유지되는 것이 아니다. 운동을 멈추면 그동안의 효과도 함께 사라진다. 이것이 운동을 꾸준히 해야 하는 이유이다. 또 한 번 운동했다고 해서 그 효과가 바로 나타나는 것도 아니다. 어떤 운동이든 일정기간 이상 해야만 서서히 효과가 나타난다.

근력을 키울 목적이라면 적어도 최대 근력의 40~60%를 넘는 강도로 해야 효과가 있다. 생활에서 사용하는 근력은 최대 근력의 고작 20~30%에 불과하다. 하지만 이것보다 중요한 것은 운동 자체를 무리하게 하면 안 된다는 점이다. 급하게 먹는 밥이 체한다고 했다. 운동도 마찬가지이다. 운동이 좋다고 해서 무리하게 운동을 시도하다 오히려 탈 나는 사람들이 많다. 갑자기 안 하던 운동을 해서 몸에 무리가 간다면, 운동을 하지 않는 것만 못하다. 운동은 몸에 무리가 가지 않는 범위에서 하며, 운동 강도와 운동량 등은 체력이 좋아지는 데 맞추어서 서서히 늘려나가는 것이 좋다.

보통 소화기관이 안 좋은 환자나 피로감을 호소하는 이들에게 추천하는 운동은 식사 후 15~30분간의 가벼운 산책이다. 이런 사람들은 처음부터 무리하게 움직이는 것 자체가 몸에 안 좋다. 이는 《동의보감》에서 추천하는 "동작을 크게 하며 천천히 걸어라"는 내용을 응용한 것이다. 사람의 체질이나 성격, 외모가 모두 다르듯, 운동의 방법에 있어서도 자신에게 맞는 양과 강도가 있음을 잊지 말자.

건전한 생활습관 5 - 편안한 수면

《동의보감》에선 "잠을 자지 못하면 기운이 빠진다. 또한 잘 때 제대로 자지 못하면 병이 생긴다"라고 수면의 중요성을 역설한다. 그러나 요즘은 마음만 먹으면 한밤중에도 대낮보다 밝은 환경을 만들 수 있다. TV 프로그램은 24시간 방송된다. 여기에 컴퓨터 게임, 웹 서핑으로 날이 새는 줄도 모른다. 이렇게 세상이 재미있어지다 보니 "밤에는 잔다"는 아주 당연한 행위를 일부러 의식하지 않으면 안 될 정도가 됐다.

지금도 대다수의 사람들이 수면을 소극적으로 생각한다. 밤이 되었으니까 그냥 잠을 잔다거나, 잠을 자지 않으면 내일이 힘들 것 같다는 생각에 어쩔 수 없이 잠자리에 드는 경우가 많다. 하지만 수면은 적극적으로 관리해야 하는 생활습관 중 하나다. 수면을 통해 우리의 인생이 건강하고 풍부해질 수 있다는 것을 알아야 한다.

● 수면은 적극적으로 관리해야 하는 생활습관이다

잠이 중요한 이유는 잠의 '회복 기능' 때문이다. 잠은 낮 동안 받은 정신적 스트레스와 근육의 피로를 풀어주는 역할을 담당한다. 보통 6~8시간에 달하는 수면은 낮 동안 소진됐던 에너지를 보충하고, 정신과 육체의 긴장을 풀어준다. 따라서 숙면은 신체적·정신적으로 모두 건강하고 젊은 삶을 유지할 수 있는 비결인 셈이다. 또 수면은 기분이나 판단력, 행동력, 창조력, 커뮤니케이션 능력에도 관여한다. 실제 수면 부족 상태에서 교통사고 유발률이 증가하거나, 업무 효율성이 떨어지는 등의 현상이 종종 벌어진다.

또한 숙면은 뇌세포를 구성하는 아미노산을 분비시켜 뇌를 발달시키며, 낮동안 혹사 당했던 뇌에도 휴식을 제공한다. 특히 대뇌는 활동을 가장 많이 하는 기관으로 아침에 일어나 밤에 잠들 때까지 쉬지 않고 움직인다. 육체적 피로는 깨어 있는 동안에도 안정을 취한다면 어느 정도 회복되지만 대뇌는 잠을 자지 않는 한 절대 쉴 수 없다. '수면을 취하는 것'은 몸을 쉬게 할 뿐만 아니라 몸을 컨트롤하는 대뇌를 쉬게 하기 위함이라고 생각하면 된다.

숙면을 해야 뇌세포를 구성하는 아미노산 분비도 잘 되고 낮 시간 시달렸던 근육도 회복되며 정서도 안정된다. 숙면 시 면역세포도 잘 만들어져 각종 질병에 대처하는 면역 기능도 좋아진다. 이렇듯

잠은 단순한 휴식이 아니라, 오늘을 정리하고 다음날을 준비하는 적극적 활동으로 생각하고 관리해야 한다.

● 자신의 수면시간을 찾자

사람들마다 적정 수면시간은 모두 다르다. 평균 5시간 정도 자고도 생활하는 데 무리 없는 사람이 있는가 하면, 최소한 8시간 넘게 자야만 피로가 풀리는 사람도 있다. 그럼에도 사람들은 절대적으로 좋은 수면시간이 있다고 생각한다. 하지만 사람들에게는 자신의 유전적 혹은 생활습관적 환경에 의한 각기 나름의 적정한 수면시간이 있다.

일반적으로 시계에 의존하지 않고 저절로 눈을 뜰 수 있는 시간이 그 사람에게 가장 적합한 수면시간이라 할 수 있다. 이것이 하루를 건강하게 활동할 수 있는 적절한 수면시간이라고 생각하면 된다. 자신에게 맞는 '자신의 수면시간'을 안다는 것은 건강한 생활을 위해 꼭 필요한 일이다.

● 수면의 방해 요인을 찾자

수면 부족이나 수면의 질이 나쁜 경우 무리하면 오히려 몸의 밸

런스가 깨져 숙면을 취하지 못하게 된다. 그런 경우는 수면 부족이나 수면의 질을 떨어뜨리는 질병을 치료하는 것이 먼저다. 손발이 차서 잠을 자지 못한다면 우선 혈액의 흐름을 좋게 해야 한다. 근본적으로 순환을 좋게 할 수 있는 체질 개선이 필요하다. 천식으로 기침이 심해서 잠을 자지 못한다면 천식을 치료하고, 손발이 달아오르는 갱년기 증상 역시 그에 맞는 치료를 해야 한다. 이외에도 고혈압이나 당뇨병 등, 기타 복용하고 있는 약의 부작용으로 숙면을 취하지 못하는 경우도 적극적으로 치료해야 한다.

숙면을 방해하는 신체 외적인 원인으로 인공조명과 함께 TV, 게임기, 컴퓨터 등이 꼽힌다. 이것들에 빠지다 보면 자정을 훌쩍 넘기는 것은 물론, 아침 해를 맞기도 한다. 우리 몸은 낮에는 긴장하고 밤에는 이완한다. 긴장과 이완을 반복하는 것과 관련해《동의보감》은 "위기衛氣가 음陰에 들어가지 못하면 양陽에 머무를 수밖에 없어 눈을 감고 있지 못한다"라고 말한다.

밤과 낮이 바뀐 교대근무, 시차가 큰 여행, 늦은 밤까지 TV·게임기·컴퓨터 등을 하다 보면 점차 쉽게 잠을 이룰 수 없게 된다. 낮에 충분히 활동하지 않으면 밤까지도 긴장감이 유지되곤 한다. 이 때문에 충분히 이완이 되지 못해 숙면을 취할 수 없는 경우도 있다. 이런 24시간의 하루 리듬에 장애가 생겨 잠을 못 이루는 것을 '일주기 리듬 장애Circadisn Rhythm Disorder'라 한다. 이 증상이 오래 지속되면 신체에 무리가 와 다른 질병으로 이환되기 쉽다. 따라서 반드시 적극적인 개선 노력이 필요하다.

● 짧은 시간 안에 푹 자는 방법

취침시간이 늦어지면 기상시간도 늦어지기 마련이다. 하지만 내일의 일상은 어김없이 다가온다. '짧은 시간 푹 자는 방법'은 현대인 누구나 원하는 것이다. 수면시간을 줄여도 푹 자고 난 효과를 얻고 싶다면, 같은 수면이라도 깊은 잠을 늘이고, 얕은 잠을 줄이면 된다. 피곤함을 느끼지 않고, 절대적인 수면시간을 줄이고 싶다면 다음과 같이 방법을 활용해보자.

① 수면시간을 점차 줄이되, 단축시간은 1주일에 30분으로 한다.
② 매일 정해진 시간에 자고, 정해진 시간에 일어나라.
③ 줄어든 수면시간에 할 일을 정한다.

● 적절한 낮잠으로 건강한 생활을 유지할 수 있다

오후 1시에서 3시 사이를 바이오리듬에 따른 '자연적 낮잠시간대'라고도 한다. 생체시계는 하루 중 두 번 수면 욕구를 일으킨다.

늘상 잠을 자게 되는 밤과 아침 기상시간으로부터 약 8시간 뒤가 바로 그때다. 따라서 오후 1시에서 3시 사이에 짧은 휴식을 취하는 것도 좋다. 10~20분 정도의 낮잠을 자거나 그럴 수 없다면 명상이나 스트레칭을 해보자. 특히 낮에 오래 앉아 있는 사람이라면 1시간 간격으로 스트레칭을 해 긴장감과 뭉친 근육을 풀어주는 것이 집중력 향상, 피로 회복에 도움을 준다. 단, 지나친 낮잠은 오히려 피로감을 느끼게 하고 밤의 숙면을 방해해 생활리듬을 깨뜨릴 수 있다는 것을 기억하자.

● **자신만의 일정한 수면 패턴을 개발하자**

숙면을 취하는 것은 모두가 누릴 수 있는 행복은 아니다. 밤에 자지 않고 일하거나 공부하는 사람들은 만성적인 수면 부족에 시달리고 있다. 현대에는 다양한 직업이 등장했고, 그에 따라 밤늦게 공부하는 학생뿐 아니라 밤에 일하는 사람들도 많아졌다. 이런 사람들에게 밤에 일찍 자라고 하면 사정도 모르는 소리라고 말할 것이다.

낮에 자는 잠이 밤에 자는 것처럼 숙면을 취할 수는 없으나. 자신의 생활 패턴에 따른 일정한 수면 패턴을 개발하고 수면 장애 요소들을 제거하면 밤이 아니더라도 깊은 잠을 잘 수 있다는 것을 기억하자.

● 올바른 수면 전 습관을 가지자

침대에 누워 책을 보거나 TV를 보는 습관을 가진 경우 불면증에 걸릴 위험이 높다. 건강한 수면의 경우 잠자리에 누워 눈을 감은 뒤 10분 정도 후 수면에 들어가는 것이다. 너무 빨리 잠들거나 30분 이상 걸리는 경우는 수면에 문제가 있음을 뜻한다. 수면 잠복기에는 각성 상태와 수면 상태가 반복된다. 이 시기에 걱정이나 긴장을 하면 각성도가 높아져 수면 상태에 이르기 힘들다. 그런데 잠들기 전에 음악을 들으면 수면 잠복기를 줄이는 데 도움이 된다는 연구 보고가 늘고 있다.

특정한 장르의 음악을 골라 듣는 것도 효과가 있지만 자신에게 친숙한 음악을 듣는 것도 좋다. 다른 사람들에게 도움된다고 해서 자신이 좋아하지도 않는 음악을 억지로 듣는 것은 오히려 수면을 방해할 수 있다. 남들에게는 댄스음악이지만 어떤 사람들에게는 자장가로 들리는 이유도 이 때문이다.

수면의 단계

수면에는 일정한 주기라는 것이 있어 잠잘 때 그 단계를 거치면서 깊은 잠에 빠져든다. 잠은 Non-REM 수면 4단계와 REM 수면으로 나뉜다. 수면 준비기간은 잠들기 전 단계로서 잠자리에 눕는 등 잠들기 쉬운 자세를 취하고 눈을 감아 긴장을 풀어주는 시간이다. 이때 호흡이나 심장 박동이 완만해지고 체온도 다소 내려가기 시작한다. NON-REM 수면은 REM 수면 이외의 수면기이다. 그 깊이에 따라 4단계로 나누어지며 단계가 높을수록 깊은 수면 상태로 볼 수 있다.

수면 1단계

지각과 꿈의 경계 상태인 세타파가 50% 이상을 점유하는 뇌파가 90초 이상 지속되면 수면 1단계로 들어가는데, 옅은 잠으로 3~10분간 계속된다. 이때에는 조그만 외부 자극에도 깨기 쉽다.

수면 2단계

약간 깊은 수면에 들어간 상태로 방추 모양의 작고 빠른 파가 나타나며 40~50분 정도 지속된다.

수면 3~4단계

비교적 느리고 진폭이 큰 뇌파가 나타난다. 깊은 잠으로 서파수면Slow Wave Sleep이라고 부른다. 이 정도면 '잠에 취했다'고 할 만큼 외부의 자극에도 잘 깨지 않으며 10~20분간 지속된다. 이 단계에서 잠에 문제가 있으면 야뇨증, 몽유병, 악몽이 나타나기도 한다.

마지막으로 눈동자가 빠르게 움직이는 REM 수면이 20분간 계속된다. REM 수면은 수면 중 급속안구운동을 나타내는 수면기를 말한다. REM 수면은 하루 저녁 수면기간 중 4~5회 정도, 약 15~60분에 걸쳐 나타난다. REM 수면기간에는 감정의 변화가 많은 활발한 내용의 꿈을 꾸는 일이 많으며, 대부분의 악몽도 이 단계에 꾸게 된다.

REM 수면기에는 안구운동이 급격히 빨라지고 음경 발기, 맥박, 심박동 수, 호흡 수가 증가하며 혈압도 급속히 높아져 뇌출혈, 심장발작, 천식발작 등이 일어날 위험이 있다.

수면 1단계부터 렘수면까지가 1회 수면주기로 대략 1시간 30분 정도다. 사람은 하룻밤에 REM 수면과 NON-REM수면이 교대로 4~5회 정도 반복한다. 이때마다 뇌파, 호흡 상태, 심장생리, 자율신경계, 호르몬 및 면역계통에 변화가 생긴다. 이와 같은 수면 생리의 규칙적인 변화에 환자의 병리적 생리가 적응하지 못할 때 지니고 있던 신체질환이 악화되는 수가 많으며 이로 인한 장애로 불면증이 나타나기도 한다.

● 숙면을 위해 이것은 피하자

　수면의 구조를 깨는 요인으로 흡연과 음주, 카페인, 공복감 등을 들 수 있다. 흡연자는 몸에서 니코틴에 대한 금단 현상을 일으켜 4시간마다 한 번씩 담배를 요구하게 된다. 몸은 자고 있지만 금단 현상으로 인해 뇌는 각성 상태가 된다. 깊은 수면 단계에서 뇌가 각성되면 다시 잠들기 위해서 수면 단계를 다시 반복한다. 그러다보면 계속 깊은 수면으로 이어지지 못하고 수면에 들어가기 위한 얕은 잠을 자는 것이다.

술을 마시면 잠이 잘 온다고 생각하는 사람이 많다. 하지만 술 역시 숙면을 방해한다. 술을 마시면 수면의 1, 2단계^{수면 입면기}에 쉽게 진입한다. 실제 술을 많이 마신 날 자기도 모르게 곯아떨어지는 것이 그 이유다. 그러나 술은 깊은 수면으로 진행되는 것을 방해한다. 아침에 일어나면 몸이 무겁고 하루 온종일 피곤한 것은 숙취도 원인이지만 잠을 제대로 자지 못했기 때문이기도 하다.

카페인이 들어있는 커피, 콜라, 초콜릿, 홍차, 녹차 등은 중추신경을 흥분시키기 때문에 잠이 드는 것을 방해한다. 하루 두 잔 이하로 제한하고 가급적 잠들기 전에는 마시지 않는 것이 좋다. 지나친 다이어트도 공복감 때문에 수면을 방해할 수 있다. 공복감을 해소하기 위해서는 잠자리에 들기 30분 전 탄수화물이나 우유 등을 조금 섭취하는 것이 도움이 된다. 하지만 많이 먹거나 잠들기 직전에 먹으면 위장이 다시 활동하게 되므로 깊은 잠을 잘 수 없다.

● 수면에 도움이 되는 음식

서양에서는 수면 장애가 있는 사람에게 "잠자기 전 따끈한 우유 (한 잔)에 꿀을 타 마시라"고 처방한다. 또 우유와 레몬주스(꿀 2ts 첨가)를 함께 마시라고도 권한다. 우유에 꿀을 타는 것은 꿀에 든 탄수화물이 트립토판의 흡수를 돕기 때문이다. 우유엔 트립토판이란 아미노산이 풍부하다. 이 아미노산이 몸 안에서 세로토닌이란 신경 전달물질로 바뀌면서 스르르 잠에 빠지게 된다. 세로토닌은 행복감과 심신의 안정을 주는 '몸 안의 수면제'로 알려져 있다.

트립토판은 몸 안에서 만들어지지 않아 음식을 통해 섭취해야 한다. 닭고기, 돼지고기, 생선, 치즈 등에도 들어 있으나 밤에 먹기엔 부담스럽다. 특히 치즈는 "저녁에 먹으면 악몽을 꾼다"는 서양 속담이 있을 정도로 소화가 안 되니 주의하자. 우유를 대체할 트립토판 공급원으로는 바나나와 무화과가 좋다.

호두는 불면증에 시달렸던 중국의 서태후가 즐겨 먹던 식품으로 유명하다. 과거엔 외양 때문에 두뇌 건강에 유익할 것으로 여겼으나 최근엔 심장병 예방식품으로 더 알려져 있다. 수면 장애를 겪고 있는 사람에게 호두를 권하는 것은 칼륨(혈압을 낮춤), 칼슘(짜증을 막아줌), 마그네슘(신경을 안정시킴)이 풍부하기 때문이다.

양파의 경우 알리신 성분이 수면 유도물질이다. 알리신은 매운 맛 성분인 알린이 변한 것으로 비타민 B_1의 흡수를 돕는다. 이 비타민 B1이 수면을 방해하는 요인 중 하나인 피로를 풀어준다. 잘게 썬 양파를 머리맡에 두고 자도 잠이 잘 온다.

《동의보감》에는 "호박은 출산 뒤 부기를 빼주고, 당뇨병. 불면증에도 효과가 있다"고 기술돼 있다. 전문가들은 호박에 풍부하게 든 칼륨이 혈압을 낮춰 숙면을 유도한다고 말한다.

《동의보감》에 나오는 잠 잘 자는 법

《동의보감》에는 잠을 자는 법에 대한 상세한 설명이 있다. 이는 의학서적에 있는 고리타분한 내용이라기보다 숙면을 위한 선조들의 지혜라고 받아들이는 것이 좋다.

① 잘 때 옆으로 누워서 무릎을 구부리면 심기(心氣)를 도와준다. 깨어나서는 몸을 펴는 것이 좋다. 이렇게 하면 정신이 산만하지 않다. 몸을 펴고 누우면 가위에 눌리기 쉽다. 공자는 죽은 사람처럼 하고 자지 말라고 했다.

② 입을 다물고 자는 것이 좋다. 입을 벌리고 자면 기운이 빠지고 사기가 입으로 들어가서 병이 생긴다.

③ 잘 때 편안하지 않은 것은 이불이 두꺼워 열이 몰렸기 때문이다. 이때는 땀을 닦고 얇은 이불을 덮고 자야 한다. 또 덥다고 이불을 전혀

덮지 않아도 좋지 않다. 추울 때에는 너무 춥지 않게 해야 잠을 잘 잘

수 있다.

④ 배가 고파서 잠이 오지 않으면 조금 더 먹어야 한다. 배가 불러서 잠

이 오지 않으면 차를 마시거나 조금 돌아다니다가 눕는 것이 좋다.

⑤ 잠을 잘 때 등불을 켜놓으면 정신이 불안해진다.

⑥ 누울 때 똑바로 눕는 것은 좋지 않다. 손을 가슴에 올리면 가위에 잘

눌리고 잘 깨어나지 못한다.

이 책을 마치기 전에

각종 문명의 발달로 밤낮도 계절 구별도 없어졌을 정도로 우리는 자연의 변화에 둔감해졌다. 문명은 생활의 편리를 가져왔지만 한편으로 인체의 생리적 리듬을 깨뜨리는 일은 건강에 좋지 않다. 다양한 직업군의 출현과 복잡한 생활 패턴은 예전보다 더 많은 정신적·육체적 피로 누적을 만들었지만 정작 해소는 요원하다. 우리 몸이 건강을 유지하고 적절한 기능을 발휘하기 위해서는 생리적인 생활리듬을 따라야 한다. 몸은 정직하다. 밤에는 자고, 사계절에 따른 인체 반응에 순응해야 건강할 수 있다.

한의학의 기본 원리는 '천인상응(天人相應)'이다. 자연과 인체는 서로 기운이 통한다고 본다. 이는 자연 기운의 성쇠가 인체 기운에 영향을 미친다는 뜻으로, 자연 기운에 따른 건강법을 강조하는 이론의 바탕이 된다. 한의학은 천지자연이 '음양(陰陽)'과 '오행(五行)'의 법칙을 따른다고 본다. 인체도 천지와 닮아 음양과 오행의 법칙을 따르기에 서로 기운이 통한다고 할 수 있다. 따라서 건강을 위해서는 자연에 변화에 맞추어 건강법을 달리 해야 한다.

한의학의 고전인 《황제내경》은 계절의 기후에 맞게 정신을 수양하고 몸을 보양하는 방법을 소개한다.

봄의 보양

봄의 양생

봄 3개월 동안을 발진(發陳)[1] 이라 하는데, 천지(天地)가 모두 생기를 불어넣으므로 만물이 다 영화로워지니, 늦게 잠들고 일찍 일어나 정원을 거닐며 머리와 의복을 느슨하게 하여 뜻이 저절로 생겨나도록 해야 한다. 만물을 살리되 죽이지 말며, 주되 빼앗지 말고, 상을 주되 벌주지 말 것이니 이것이 봄에 순응하는 양생의 도리이다.

－소문(素問)《사기조신대론》

---

1) 발진(發陳)은 만물이 묵은 것에서 새것이 생긴다는 뜻이다.

만물이 새롭게 탄생하는 봄의 특성에 따라 사람도 생활과 감정에 있어 억누르거나 억압하지 말고 자연스럽게 발산해야 한다. 봄은 음(陰)이 상대적으로 적어지고 양(陽)이 많아지는 시기다. 자연계와 상응하고 있는 인체 역시 마찬가지다. 봄이 되면 활동량이 많아지면서 겨울에는 닫혀 있던 주리(腠理)[2]가 열리기 시작한다. 이로 인해 체내의 양기가 밖으로 발산되고, 봄에 세력이 왕성한 풍(風)[3]으로 생기는 병이 많아진다.

봄의 식생활

• 양기(陽氣)를 돕는 음식을 먹는다

봄에는 양기(陽氣)가 기운을 얻어 활동하는 시기다. 양기가 원활히 움직여 외사(外邪)에 대한 저항력을 키울 수 있도록 양기를 북돋는 음식을 먹는다. 부추, 파, 생강 같은 맵고 단맛의 음식을 먹는

---

2) 주리(腠理)는 피부(皮膚), 기육(肌肉), 장부(臟腑)에 생긴 결로 피부와 기육 사이를 연결시키는 결체조직(結締組織)을 말한다.
3) 한의학에서 육음(六淫)이라고 부르는 풍(風), 한(寒), 서(署), 습(濕), 조(燥), 화(火) 중 풍(風)이라는 병사는 '백병(百病)의 장(長)'이라 할 정도로 병을 잘 일으키고 다른 병사와 결합하기도 잘 하며, 한 곳에 머무르지 않고 전신을 돌아다니며 통증을 일으키는 성질을 가지고 있다. 풍(風)이 피부에 있으면 몸이 춥고 땀이 흐르며 피부병이 생길 수 있다. 더 깊이 들어가면 전신의 관절이 모두 아프게 된다. 또 풍(風)은 오행 중 목(木)에 해당하는 기운이며 간(肝)과 연관 깊다. 만일 봄철에 간질환이 있는 경우 병이 더 심해질 수 있다.

것이 좋다.

• 신맛은 줄이고 단맛을 늘린다

신맛은 오장 중에서 간(肝)에 해당하고 단맛은 비(脾)에 해당한다. 봄은 간(肝)의 목기(木氣)가 왕성해지는 계절이므로 목극토(木剋土)의 결과로 비(脾)의 기운이 억제받을 수 있다. 간(肝)의 목기(木氣)를 왕성하게 하는 신맛은 줄이고, 비(脾)의 기운을 보태주는 단맛을 더 많이 먹는 것이 좋다.

• 깔끔하고 담담한 맛의 음식을 먹는다

기름이 너무 많은 느끼한 음식은 피하고 깔끔하고 담담한 음식을 먹는다. 기름진 음식은 비위에 부담을 주므로, 봄에 약해지는 비위의 기능이 저하될 수 있다.

• 신선한 채소와 과일을 많이 먹는다

제철에 자라는 채소와 과일은 그때 자연계에 가득한 기운을 담고 자라는 것이다. 때문에 제철 채소와 과일만큼 좋은 것은 없다. 겨우내 부족해지기 쉬운 비타민과 섬유질을 충분히 섭취하는 것이 좋다.

• 진액의 보충에 주의한다

봄에는 바람이 많아 건조해지기 쉽다. 목과 코, 입술이 마르며 피부는 건조해진다. 봄에는 진액을 잘 보충할 수 있게 죽을 먹거나 꿀물을 마시는 것도 좋은 방법이다.

● 봄에 먹으면 좋은 음식

부추, 파래, 냉이, 감국, 미나리, 상추, 죽순, 마, 바나나, 사과, 대추, 파

봄의 마음가짐

• 화를 내지 말고 간기(肝氣)를 기른다

화를 내는 것은 간(肝)을 상하게 하므로 간이 병들기 쉬운 봄철에는 특히 주의하는 것이 좋다. 되도록이면 화가 나는 상황을 미리 조심해서 피하고, 화가 나는 일이 생겼을 때는 냉정하게 생각하여 화를 가라앉힐 수 있도록 해야 한다.

• 맺힌 감정을 풀어준다

봄은 발산하는 기운이 강한 계절이므로, 가슴에 맺힌 감정이 있으면 자연계의 기운과 맞지 않아 기혈이 잘 소통되지 않아 병이 생기기 쉽다.

• 마음을 즐겁게 하고 만족을 안다

내경에는 '음식을 맛있게 먹고, 의복을 맞춰 입으며, 풍속을 즐겨라(美其食 任其服 樂其俗)'는 문장으로 건강 유지 방법을 설명했다. 자신에게 주어진 환경에 만족하고 즐겁게 생각하면 마음이 편해져 병들 일이 없다는 것이다.

일상생활

봄에는 날씨가 따뜻해지므로 이에 맞추어 침실 온도도 조절해야 한다. 침실이 너무 더운 경우 땀을 많이 흘리기 쉽다. 또 신경을 흥분시켜 숙면을 취할 수도 없다. 봄은 겨울보다 낮이 길기 때문에 겨울보다 늦은 시간에 잠들고 일찍 일어나는 것이 정상이다. 잠에서 깬 다음에는 옷과 머리를 느슨히 하고 조금 걷는 것이 좋다.

봄은 풍(風)이 왕성한 계절이다. 갑자기 찬바람을 쐬어 병이 들지 않게 주의한자. 봄에는 피부가 건조해지기 쉬우므로 충분히 보습을 해줄 수 있게 한다. 목욕물에 식초 한 컵이나 꿀 한 스푼을 넣으면 도움된다. 봄에는 녹색을 많이 보고 식물을 가까이 하자. 운동은 산책이나 가벼운 체조가 좋다.

2

여름의 보양

여름의 양생

여름 3개월은 번수(蕃秀)⁴⁾라 하는데, 하늘과 땅의 기가 서로 만나므로 만물이 영화롭고 실해진다. 늦게 잠들고 일찍 일어나며 해가 긴 것을 싫어하지 말고 감정이 분노함이 없게 하여, 꽃이 피어나는 것처럼 사람의 양기가 밖의 기운과 잘 통하게 해야 한다. 이것이 여름에 몸을 수양하는 방법이다.

－소문(素問)《사기조신대론》

---

4) 번수(蕃秀)는 만물이 번식하고 아름답게 자란다는 뜻이다.

여름은 천기(天氣)는 하강하고 지기(地氣)는 상승하여 가운데서 만나므로 모든 것이 무성해지는 계절이다. 여름 기운은 활짝 핀 꽃처럼 밖으로 향하는 성질을 가지고 있다. 화를 내지 말고 유쾌한 기분을 만끽하며, 몸의 기가 자연계의 기와 잘 통할 수 있게 한다.

또한 양기(陽氣)가 왕성하고 음기(陰氣)는 속으로 들어가 잠복하는 계절이므로 인체의 양기도 체표로 떠오르고 음기는 속으로 잠복하게 된다. 날씨가 더워지면 주리(腠理)가 열리고 땀이 나서 양기가 새어 나가게 되므로 상대적으로 양기가 허해진다. 육음(六淫) 중에서 서(暑)⁵⁾가 왕성한 계절이므로, '더위 먹는다'고도 하는 서병(暑病)이 잘 생긴다.

더위는 사람의 기운을 소모하게 하고 진액을 손실시킨다. 오랜 시간 고온 환경에 노출되어 있으면 체온 조절 중추 기능이 저하되어 체온이 올라 땀이 많이 나고, 얼굴이 붉어지고, 가슴이 뛰며, 머리가 어지럽고, 가슴이 답답하며, 갈증이 심하게 나는 증상이 생긴다. 심한 경우 정신을 잃고 쓰러지기도 한다. 또한 각종 세균과 곰팡이가 왕성히 번식하는 시기이므로 눈병이나 피부병 같은 질환의

---

5) 서(暑)는 육음(六淫) 중 하나로 양사(陽邪)이므로 대부분 여름철에 발병한다. 《영추(靈樞)》에 '무더우면 피부(皮膚)가 느슨해져서 주리(腠理)가 열린다(暑則皮膚緩而腠理開)'고 했다. 임상에서는 고열, 구갈, 맥홍대(脈洪大), 다한(多汗) 등의 증세가 나타난다. 따라서 쉽사리 기가 소모되고, 진액이 상하게 되므로 항상 몸이 노곤하고 심장에 부담이 있다. 입이 마르는 등의 증세가 나타나기도 한다. 또 서사(暑邪)는 쉽게 습(濕)을 수반하므로 서습증(暑濕證)이 생긴다.

예방에 유의하자. 상한 음식을 잘못 먹는 일이 없도록 주의를 기울여야 한다.

여름의 식생활

• 쓴맛, 신맛, 짠맛을 먹고 매운맛을 조금 늘려주며 단맛은 줄인다

여름은 열과 습기가 많은 계절이다. 열을 내리고 습(濕)을 말려주는 역할을 하는 쓴맛 음식이 좋다. 쓴맛은 비위(脾胃)의 습(濕)을 제거하고 식욕을 돋우며 열을 내리게 한다. 녹차나 씀바귀 같은 음식을 자주 이용하자.

날씨가 더워지면 땀을 많이 흘러 진액이 소모되는데, 이런 경우 음(陰)을 보태고 진액을 생기게 하며 갈증을 멈추는 신맛 음식이 좋다. 신맛은 땀을 줄이고 설사를 멈추게 하며 갈증을 없앤다. 산사나 토마토가 좋다. 또한 땀을 흘리고 난 후에는 전해질 균형이 무너질 수 있으므로 소금도 적당히 섭취하자.

매운맛은 성질이 뜨거운 편이지만 여름에 상하기 쉬운 폐기(肺氣)를 보태주고 식욕을 돋우는 작용이 있으므로 조금씩은 먹는 것이 좋다. 그러나 지나칠 경우 열(熱)이 더욱 가중된다.

단맛은 습(濕)[6]을 생기게 하므로 여름에는 피하는 것이 좋다. 비위에 습이 많이 생기면 식욕이 없고 속이 메스꺼우며 소화가 잘 되지 않으므로 여름에는 단맛을 많이 먹는 것을 자제한다.

• 음식 위생에 주의한다

여름은 기온이 높고 세균의 번식이 쉬운 계절이므로 음식물의 위생에 주의해야 한다. 물은 꼭 끓인 물을 마시도록 하고, 음식은 냉장고에 보관하되 냉장고에 보관한 음식이라고 해서 전혀 상하지 않는 것은 아니므로 주의한다.

• 찬 음식을 적게 먹고 적당히 따뜻한 음식을 먹는다

날씨가 더우면 찬 음식을 많이 먹게 되는데, 이는 잠시 동안의 시원함을 줄뿐 몸에는 좋지 않다. 여름에는 양기가 밖으로 배설되고 음기는 안에 잠복해 있어 겉은 덥지만 속은 찬 상태로, 찬 음식을 자꾸 먹으면 비위(脾胃)의 양기가 상하게 된다. 소화에 이상이 생기고 설사와 복통이 일어나기 쉽다. 그러므로 음식은 적어도 차갑지 않은 상태로 먹는 것이 좋다. 생강이나 파, 마늘 등을 넣어서 먹는 것도 한 방법이다.

---

6) 습(濕)은 육음(六淫)의 하나로 습기(濕氣)라고도 한다. 습은 장하(長夏)의 주기(主氣)이므로 여름에 습병(濕病)이 많다.《소문(素問)》에서 '습(濕)으로 인하면, 머리가 마치 보자기 따위로 씌운 것 같다(因于濕, 首如裹)'고 했다.

• 깔끔하고 담담한 맛의 음식을 먹고 과식하지 않는다

여름에는 갈증으로 인해 물을 많이 마시게 되고, 그로 인해 위액이 묽어져 소화력이 떨어지기 쉽다. 여름에는 기름지고 소화하기 힘든 음식보다 깔끔하고 담담한 음식을 먹되, 콩이나 우유, 닭고기, 생선처럼 단백질을 보충할 수 있는 음식과 신선한 채소, 과일류를 섭취해주는 것이 좋다.

• 수분을 충분히 보충하고 채소과 단백질을 충분히 섭취한다

여름에 땀을 많이 흘리고 설사가 겹치게 되면 탈수가 일어나기 쉽다. 수분을 충분히 보충하자. 또한 대사 기능이 항진되므로 충분한 단백질 공급이 필요하다. 부족해지기 쉬운 비타민을 채소와 과일을 통해 섭취하자.

• 더위를 없애고 습을 잘 나가게 하는 음식을 적당히 선택해 먹는다

여름에는 더위와 습(濕)으로 인해 병이 잘 생긴다. 녹두, 국화, 팥, 녹차, 박하 등의 습을 없애주는 작용을 하는 음식을 먹는 것이 좋다.

● 여름에 먹으면 좋은 음식

마늘, 생강, 수박, 가지, 토마토, 팥, 녹두, 율무, 비름나물, 포도,

살구씨, 옥수수, 망고 등

여름의 마음가짐

• 마음을 안정시키고 생각을 적게 한다

여름은 화열(火熱)[7]이 왕성한 계절이다. 화(火)에 해당하는 장부인 심장(心臟)이 쉽게 피로해지기에 지나친 감정 표출까지 있으면 쉽게 상하게 된다. 또한 심장(心臟)이 담당하는 감정인 기쁨이 지나치면 기(氣)가 새어 나가게 되는데, 여름에는 인체의 기가 새어 나가는 때이므로 이를 가중시키면 병이 생길 수 있다. 또한, 여름에는 습(濕)이 많아 비위에 병이 들기 쉽다. 비장(脾臟)이 주관하는 감정인 생각이 지나치면 비위를 쉽게 상한다.

• 즐거움을 만끽하며 흉금을 터놓는다

여름에는 모든 기운이 밖으로 향하는 것이 자연계의 순리다. 사람도 즐거움을 솔직하게 만끽하며 가슴에 감정을 담아두지 않고 잘 표현하여 푸는 것이 필요하다.

---

7) 화(火)는 오행(五行)의 하나로 양성(陽性)과 열성(熱性)의 사물 또는 항진(亢進)의 상태를 뜻한다. 또 육음(六淫)의 하나로 병인(病因)이 되는 화사(火邪)를 말한다. 또 병리성의 각종 기능의 항진(亢進)을 뜻한다.

일상생활

　여름은 해가 길기 때문에 늦게 잠들고 일찍 일어나는 것이 정상이다. 대신 가장 더울 때 더위를 피해 약간의 낮잠을 자는 것은 나쁘지 않다. 그러나 너무 더운 곳에서 잠을 자거나, 낮잠을 오래 자서 밤잠을 설치는 일이 없도록 주의한다. 실내 온도는 너무 낮추지 말고 26~28℃ 정도를 유지한다. 샤워도 미지근한 물이 적당하며, 발만 따뜻한 물에 담가 족탕을 하는 것도 좋은 방법이다. 여름에는 수영이나 가볍게 뛰기, 산책, 산림욕 등이 좋으며, 물놀이를 할 경우 익사나 심장마비를 예방할 수 있도록 충분한 준비운동은 필수다.

3

가을의 보양

가을의 양생

가을 3개월은 용평(容平)[8] 이라 한다. 천기(天氣)가 급해지고 지기(地氣)가 밝아지니 일찍 자고 일찍 일어나야 한다. 닭이 울 때 일어나서 마음을 안정되게 하여 쌀쌀한 가을의 기운을 완화시키고, 신기(神氣)를 거두어들여 가을의 기운이 평화롭게 하며, 그 뜻을 밖으로 드러내지 말아 폐기(肺氣)를 맑게 해야 할 것이다. 이것이 가을에 응하여 거두어들이는 양생의 도이다.

-소문(素問)《사기조신대론》

8) 용평(容平)은 가을에 만물이 거두어들이기만 하고 성장하지는 않는다는 뜻이다.

가을은 만물이 성숙되어 그 수확을 거두어들이는 때이다. 사계절에 따라 음양의 생장(生長)과 소장(消藏)은 끊임없이 변화하는데, 이런 자연계의 움직임과 함께 인체 내의 음양도 바뀐다. 가을은 음기가 점점 성해지고 양기가 점점 쇠약해지기 시작하는 계절이다. 이로 인해 기혈의 운행이 완만해지고 양기가 점차 안으로 갈무리되기 시작하여 피부가 닫히고 기운이 바깥으로 잘 새어 나가지 않게 된다.

가을은 육음 중 조(燥) 9)가 가장 왕성한 계절로, 건조한 것으로 인해 병이 생기기 쉽다. 건조한 기운은 진액을 손상시켜 장부와 조직이 잘 자양되지 못하고 코, 귀, 입, 목이 건조하게 되어 외부로부터 나쁜 기운을 쉽게 받아들이게 된다. 건조한 기운은 폐(肺)와 연관이 깊으며, 폐(肺)는 호흡기와 피부를 담당하고 있으므로 가을의 건조한 기운에 폐가 상하게 되면 호흡기와 피부에 병이 생기기 쉽다.

---

9) 조(燥)는 육음(六淫) 병인(病因)의 하나다. 《소문(素問)》 〈음양응상대론(陰陽應象大論)〉에서 '조기(燥氣)가 승(勝)하면 마른다.(燥勝則乾)'고 했다. 조는 습(濕)과 상대적인 것이므로 조병(燥病)은 흔히 진액(津液)을 상하게 한다. 눈이 충혈되고, 입, 코, 입술, 혀가 마르며, 마른기침과 함께 갈빗대 부위가 결리는 협통(脇痛) 등의 증상이 발생한다.

가을의 식생활

• 달고 담담한 맛을 먹으며, 매운맛을 줄이고 신맛을 조금 늘려준다

　단맛은 비위로 들어가며 촉촉하게 적셔주는 작용이 있으므로 건조한 가을에 어울린다. 단맛이 배속되는 토(土)는 폐의 속성인 금(金)을 생(生)하므로 단맛으로 토의 기운을 북돋아서 금기가 기운을 얻도록 한다. 달고 담담한 맛은 진액을 늘려주고 작용을 하고, 폐를 눅여주며 장을 윤활하게 하므로 건조한 기운에 의해 생기는 기침이나 변비를 줄일 수 있다.

　매운맛은 성질이 건조하고 뜨거우며 몸 안의 진액을 마르게 하므로 가을에는 매운맛을 줄이는 것이 좋다. 가을에는 금(金)의 기운이 지나쳐 금극목(金克木)의 성질이 강해질 수 있으므로, 목(木)에 해당하는 장인 간(肝)이 약해질 수 있다. 신맛을 먹어서 간의 기운을 북돋아줄 수 있도록 한다.

• 제철에 나는 과일과 곡식을 많이 먹는다

　가을은 배, 감, 사과 등 많은 과일이 난다. 또 햇곡식을 거두어들이는 때이기도 하다. 제철에 수확하는 과일과 곡식은 가을의 기운을 담고 있어 사람의 몸에 깃들어 있는 기운을 안으로 저장하는 데 보탬이 된다. 과일 중 배나 사과는 건조한 것을 촉촉하게 적셔주는

작용을 하므로 즐겨 먹을 만하다. 곡식은 너무 깨끗이 도정한 정백미보다는 현미를 선택하고, 다른 곡식과 함께 먹는 것이 좋다.

• **물을 많이 마신다**

가을의 건조한 기운은 호흡기에 좋지 않은 영향을 미친다. 방 안의 습도를 적절하게 유지함과 동시에, 수시로 따뜻한 물을 마셔 목과 코가 마르지 않도록 하는 것이 좋다.

● 가을에 먹으면 좋은 음식

당근, 우엉, 토란, 넘나물, 콩, 콩나물, 두부, 배, 감, 귤, 유자, 석류, 무화과, 돼지고기, 우유, 새우, 땅콩 등

가을의 마음가짐

• **기쁨으로 슬픔을 이긴다**

가을은 금(金)의 기운에 영향을 받는 계절로, 금(金)에 속하는 장인 폐(肺)가 주관하는 슬픔의 감정이 지나치기 쉽다. 흔히 '가을을 탄다'고 하는 감정의 변화가 그것이다. 지나친 슬픔의 감정은 폐

를 상하게 하고 기를 소모시킨다. 이럴 때는 금(金)을 제어하는 화(火)의 감정인 기쁨으로 슬픔을 없애야 한다. 이유 없이 우울해지고 기운이 빠질 때면 즐거웠던 일을 떠올리거나 즐거운 일을 하면서 슬픔의 감정을 없애고 기를 보호하는 것이 중요하다.

• 운동과 오락을 즐긴다

적당한 운동은 정서적 안정에 도움이 되며, 오락은 마음을 즐겁게 하여 가을에 생기기 쉬운 우울한 감정을 이기는 데 좋다. 되도록 즐거운 일을 찾고 기쁘게 하여서 폐기(肺氣)를 북돋고 심기를 기르도록 한다. 그러나 지나친 기쁨은 심기를 상하게 하므로 너무 과도한 것은 좋지 않다.

일상생활

가을은 여름보다 밤이 길다. 여름보다 일찍 자고 일찍 일어나는 것이 좋다. 일찍 자는 것은 음(陰)을 기르고 폐(肺)를 편안하게 하며, 일찍 일어나는 것은 폐(肺)의 기운을 맑게 한다. 가을은 실내 온도 조절에 세심한 주의가 필요한 계절이다. 너무 덥거나 너무 춥거나 너무 건조하지 않도록 신경 써야 한다. 날씨의 변화가 비교적 기복이 있으므로 난방 할 때에는 적당한 조절이 있어야 한다. 목욕 할 때는 피부 보습을 충분히 하고, 너무 세게 문질러 닦지 않도록 한다. 또한 목욕을 끝내고 나올 때 서늘한 바람을 쐬지 않도록 주의한다.

가을에 적합한 운동으로는 체조, 스트레칭 등이 있으며 피부와 경락을 자극해주는 마사지도 건강에 도움을 준다.

4

겨울의 보양

겨울의 양생

겨울 3개월은 폐장(閉藏)[10]이라고 한다. 물이 얼고 땅이 갈라진다. 양기(陽氣)를 요동하지 말고 일찍 자고 늦게 일어나되, 반드시 햇빛이 비칠 때까지 기다려서 일어나야 한다. 뜻을 속에 감춘 듯 하고 사사로운 뜻이 있는 것처럼 하며 이미 얻은 바가 있는 것처럼 할 것이고, 추운 곳을 피하며 따뜻한 곳에 있어야 한다. 또한 피부로부터 땀이 새어나와 기운이 빠지지 않게 해야 한다. 이것이 겨울에 응하는 양생의 방법이다.

－소문(素問)《사기조신대론》

10) 폐장(閉藏)은 겨울철에 음기가 왕성하므로 양기가 땅 속으로 들어가서 감추어진다는 뜻이다. 이때는 만물의 기운이 아래로 내려가고 땅 속으로 들어간다.

겨울은 춥고 건조하며 바람이 많은 계절이다. 천지의 만물이 속으로 들어가 활동을 멈추고 있는 시기다. 자연계는 활동을 멈추고 있지만 인체는 추위에 대비하여 열을 생산하기 위해 활발한 대사 작용이 이루어진다. 겨울철에 너무 많이 움직여 기를 소모하는 것도 자연계와 어긋나는 일이다. 따뜻한 곳에서 있으면서 대사 작용이 항진되지 않도록 몸을 잘 보호하고 마음가짐도 다독이자. 겨울에는 찬 기운으로 생기는 질병이 많은데, 가장 흔한 감기로부터 관절염까지 여러 질병이 생길 수 있다.

찬 기운의 특징은 다른 육음의 기운보다 강한 통증을 동반한다는 것이다. 한사(寒邪)[11]가 들어온 부위는 시리고 통증이 심하며 따뜻한 것을 대면 통증이 조금 완화되고, 추운 곳에 가면 심해지는 특징이 있다. 한사(寒邪)는 호흡기와 피부로 잘 침습하며 겨울에 많은 풍(風)과 결합하여 전신을 돌아다니며 심한 통증을 일으키기도 한다. 그래서 겨울의 건강 유지법은 한사의 침습을 막는 것이라고 해도 과언이 아니다.

---

11) 한(寒)은 육음(六淫)의 하나로 한사(寒邪)를 말한다. 겨울철의 주기(主氣)로 음사(陰邪)에 속하며 양기를 쉽게 상한다. 한기가 침입하여 기혈의 활동이 막히면 통증의 원인이 된다.

겨울의 식생활

• 동물성 단백질을 적당량 섭취한다

겨울에는 고단백·고열량의 식품을 먹어 추위에 대비하고 신(腎)에 들어가는 맛인 짠맛을 적당히 먹을 필요가 있다. 대부분의 동물성 단백질이 짠맛이다. 그러나 동물성 단백질은 지방을 많이 포함하고 있으므로 뇌혈관계통의 질환을 가진 사람에게는 적당하지 않다. 건강한 몸을 가진 사람도 너무 많이 섭취하는 것은 좋지 않다. 다른 계절보다 겨울에 조금 더 많이 섭취한다는 생각으로 먹자.

• 섬유질을 보충한다

겨울에는 신선한 과일과 채소를 먹기 힘들어 섬유소를 섭취하기 쉽지 않다. 요즘이야 비닐하우스 재배가 이루어져 겨울에도 신선한 채소와 과일을 구할 수 있지만, 그것이 어려울 경우 다른 곳에서라도 섬유소를 보충해야 한다. 우리 선조들은 지혜롭게 김치를 통해서 겨우내 섬유질과 비타민을 보충할 줄 알았다. 김치는 섬유질과 비타민 이외에도 무기질을 함유하고 있으며 유산균으로 인한 정장 작용과 항암 효과는 알려진 바가 크다. 겨울에 고가의 과일과 채소가 부담스럽다면, 김치를 충분히 먹는 것도 한 방법이다.

• 검은색의 식품을 많이 먹는다

겨울은 오장 중 신장(腎臟)과 관계가 깊은 계절로, 검은색은 신(腎)과 통하는 색이다. 검은색을 띠고 있는 식품은 신장(腎臟)으로 들어가 기운을 보태주고 강장 효과가 있다. 검은색 식품은 항산화·항암·항궤양 효과가 있다고 알려진 안토시아닌이라는 수용성 색소가 있기 때문이다.

대표적 검은색 식품은 서리태다.《본초강목》을 보면 비위를 튼튼하게 하고 간기(肝氣)를 기르며 신(腎)을 보하고, 눈을 밝게 하며 피를 잘 돌게 하고 노화를 막는다. 오골계는 강장 작용과 피로 회복, 면역력 증강의 효능이 뛰어나며 목이버섯은 혈을 보하고 혈이 잘 돌게 하며, 독을 배출하고 장을 깨끗이 하는 효과가 있다.

검은깨에는 비타민 B군을 포함하여 리놀산 등 불포화지방산이 들어 있어 동맥경화증을 예방하고, 피부건조증을 완화시키며, 뼈를 단단하게 해준다. 또 일반 깨에 비해 레시틴이 많이 들어 있어 기억력 및 집중력을 향상시키고, 신진대사와 혈액순환을 돕고 탈모를 예방한다. 검은콩은 여성 호르몬인 에스트로겐과 유사한 역할을 하는 이소플라본이 함유되어 있어 골다공증을 예방하고 갱년기 장애를 완화시키는 효과가 있다. 해독 작용도 뛰어나서 혈관을 튼튼하게 해주어 고혈압·동맥경화증·뇌혈전증 등을 예방한다. 검은쌀에는 안토시아닌이 검은콩보다 4배 이상 들어 있으며, 비타민 B군을 비롯하여 철·아연·셀레늄 등의 무기염류는 일반 쌀의 5배 이상이 함유되어 있다.

• 물을 많이 마신다

겨울에는 외부가 추워지면서 주리가 닫혀 땀이 적게 나고 열이 속으로 들어가 내열이 생기기 쉽다. 이럴 때 물을 자주 마셔서 내열을 없애주는 것이 도움이 된다. 또한 습도가 낮고 건조하므로 호흡기의 건강을 위해서는 수분을 충분히 섭취해주는 것이 필요하다.

• 소화가 잘 되도록 하는 음식을 곁들여 먹는다

겨울에는 고단백·고열량 식품의 섭취가 늘어나고 운동량은 적어지기 때문에 소화가 잘 되지 않을 수 있다. 이럴 때는 녹차나 무, 살구씨 등을 먹어서 소화를 돕고 배변이 쉽도록 하는 것이 좋다.

• 술을 적당히 마신다

소량의 음주는 혈관을 확장시키고 혈액순환을 도와 추위를 잘 이겨낼 수 있도록 한다. 러시아처럼 추운 지방에 사는 사람들이 독한 술을 조금씩 마심으로써 추운 날씨를 버티는 것도 이와 같은 이치다. 그러나 술은 잘 쓰면 좋은 것이지만, 잘못 쓰면 '백병(百病)의 장(長)'이 되므로 너무 지나치지 않도록 주의해야 한다.

● 겨울에 먹으면 좋은 음식

어류, 해삼, 닭고기, 달걀, 쇠고기, 양고기, 개고기, 무, 배추, 양파, 감자, 고구마, 검정콩, 목이버섯, 밤, 깨 등

겨울의 마음가짐

• 덕을 쌓고 마음을 비우며 욕심을 버린다

겨울은 겨울잠을 자는 동물들처럼 마음에 동요가 없어야 한다. 만물을 비축해 두었다가 이듬해 봄을 대비하는 대자연처럼 덕을 쌓는 것이 중요하다. 부적절한 감정을 불러일으킬 만한 자극은 되도록 피하고, 감정적 자극을 불러일으킬 만한 소지가 있는 것은 사전에 피하거나 처리하도록 한다. 일단 감정의 동요가 생겼을 때는 빨리 마음을 가라앉히고, 그 감정을 풀어내려고 노력해야 한다. 부적절한 감정을 안에 억제하고 품고 있는 것은 도리어 겨울의 마음가짐에 어긋나는 것으로, 어떤 자극이 와도 흔들림이 없는 신념을 속에 품고 있는 것은 합당하지만 나쁜 감정을 속으로 감추고 있는 것은 득이 될 것이 없다.

• 햇빛을 자주 보며 기분을 환기시킨다

겨울에는 햇빛이 자주 들지 않아 기분에도 영향을 미칠 수 있다. 프랑스에서 최근 발표된 논문에 의하면 하루에 4시간 이상 빛을 쬐지 않으면 '햇빛결핍증후군'이라는 증상이 생기게 되는데, 그 주요 증상으로는 우울, 만성피로, 과잉행동, 사고의 극단화 등이 있다고 한다. 이것은 비단 일조량이 부족한 겨울뿐 아니라 거의 온종일 건물 내에서 생활하는 현대인들에게 자주 있을 수 있는 일이므로, 햇빛이 비치는 낮 동안에는 잠깐씩 틈을 내어 태양을 쬐는 것이 좋다.

• 머리를 자주 사용하여 뇌의 각성을 유지한다

신(腎)은 뇌수(腦髓)와도 관련 있다. 겨울이 되어 신장(腎臟)이 허해지게 되면 뇌수가 충분하지 않아 기억력이 떨어지고 사고 과정이 둔해질 수 있다. 날씨가 추워져 실내에서 보내는 시간이 많아지면 TV를 자주 보기 마련이다. 체스나 장기처럼 머리를 쓰는 게임을 하거나 독서를 하는 것이 건강에 이롭다.

일상생활

겨울은 해가 짧아지고 밤이 길어지므로 일찍 자고 늦게 일어나는 것이 정상이다. 겨울은 양기가 가장 적고 음기가 가장 많은 시기다. 가을보다 일찍 잠이 들어 양기를 기르고 해가 뜰 때 잠을 깨서 양기를 보존하자. 겨울에 목욕할 때는 따뜻한 물로 입 안을 헹구고, 세수는 차가운 물로, 다리는 따뜻한 물에 담그는 것이 좋다. 신(腎)이 허해지기 쉬운 겨울에 찬 물로 이를 닦으면 이가 시리고 아플 수 있으니 따뜻한 물로 양치하는 것이 좋다. 겨울에 찬 물로 세수를 하라는 것은 뜨거운 물이 피부의 모세혈관을 확장시키고 피지를 너무 씻어 내어 얼굴이 당기고 각질이 쉽게 생길 수 있기 때문이다. 겨울에 따뜻한 물에 발을 담그는 것은 발이 추위에 쉽게 노출되며 동상이 생길 위험이 있기 때문이기도 하고, 발 자체가 전신과 상응하는 부위이므로 발을 따뜻하게 하면 온몸의 온열자극과 같은 효과를 얻을 수 있기 때문이기도 하다.

겨울에는 음악감상, 독서, 게임 등 실내에서 할 수 있는 것을 위주로 하고 실내에서 할 수 있는 가벼운 체조나 스트레칭을 병행해 주는 것이 좋다.

변화의 시작, 비우고 채우기

초판 1쇄 2013년 11월 25일

지은이 박정민
펴낸이 성철환 **편집총괄** 고원상 **담당PD** 이경주 **펴낸곳** 매경출판㈜
등 록 2003년 4월 24일(No. 2-3759)
주 소 우)100-728 서울 중구 필동1가 30번지 매경미디어센터 9층
홈페이지 www.mkbook.co.kr
전 화 02)2000-2610(기획편집) 02)2000-2636(마케팅)
팩 스 02)2000-2609 **이메일** publish@mk.co.kr
인쇄·제본 ㈜M-print 031)8071-0961

ISBN 979-11-5542-060-7 (03320)
값 15,000원